W0171692

Ausführliche Informationen über
unsere Autoren und Bücher
finden Sie auf unserer Website
www.dtv.de

Dalai Lama

Der Weisheit des Herzens folgen

Warum Frauen die Zukunft gehört

Zusammengestellt und herausgegeben von

Catherine Barry

Aus dem Französischen von Elisabeth Liebl

Deutscher Taschenbuch Verlag

Für meinen Sohn Benjamin
(Catherine Barry)

Deutsche Erstausgabe
2010 Deutscher Taschenbuch Verlag GmbH & Co. KG, München
Die Originalausgabe erschien unter dem Titel:
Catherine Barry: Paroles du Dalaï Lama aux femmes du monde
© 2009 Éditions du Rocher
deutschsprachige Ausgabe:
© 2010 Deutscher Taschenbuch Verlag GmbH & Co. KG, München
Alle Rechte vorbehalten.
Umschlagkonzept: Balk & Brumshagen
Umschlagfoto: Corbis/Jim Young
Satz: Greiner & Reichel, Köln
Druck und Bindung: Kösel, Krugzell
Gedruckt auf säurefreiem, chlorfrei gebleichtem Papier
Printed in Germany · ISBN 978-3-423-24803-7

INHALT

Solange der Raum besteht und die fühlenden Wesen in ihm, solange möge auch ich im Daseinskreislauf verweilen, um den Wesen zu helfen, das Leid und seine Ursachen zu überwinden und das Glück und seine Ursachen zu finden.

Shantideva

EINFÜHRUNG
Den Frauen gehört die Zukunft

Als der Dalai Lama im August 2008 Frankreich besuchte, wandte er sich bei mehreren Gelegenheiten auf ungewöhnlich direkte und unmissverständliche Weise an seine weiblichen Zuhörer. Und damit indirekt natürlich auch an die Männer, die sie begleiteten. Seit Tenzin Gyatso 1959 ins indische Exil gegangen war, hatte er nie zuvor in so deutlichen Worten zu den Frauen dieser Welt gesprochen. Seine Botschaft, der er großen Wert beimisst, lautet:

Die Zukunft gehört den Frauen.
Die Welt braucht die Werte der Frauen, um zu überleben.

Eine solche Aussage, die sich zunächst einmal anhört wie ein Slogan, mag erstaunen, vor allem, wenn sie von einer der führenden Persönlichkeiten des religiösen Lebens kommt, die vorwiegend von Männern umgeben ist. Doch darin lediglich einen Slogan zu sehen, hieße die einzigartige Menschlichkeit des Dalai Lama zu verkennen, der als Mönch eine unglaubliche innere Freiheit besitzt. Der Dalai Lama hat sich stets für den Weltfrieden engagiert und ist entschlossen, alles zu tun, um diesem Ziel näherzukommen. Und genau das ist sein Anliegen, wenn er sich explizit an die Frauen wendet. Das wird auch anhand der folgenden Aussage deutlich:

Gewaltsame Lösungen sind überholt. Öffnen wir unsere Welt für die weiblichen Werte, um die Einstellung aller zu verändern. Auch die Politiker sollten Frauen wichtigere Positionen einräumen. Das ist ganz wesentlich für einen dauerhaften Frieden und die Zukunft der Menschheit.

Der Friedensnobelpreisträger ist nicht der Träumer, als den manche ihn gerne hinstellen. Er benutzt weder alte Klischees noch setzt er auf simple Konzepte. Vielmehr bringt er hier in klaren Worten seine tiefste Überzeugung zum Ausdruck: Dass es die Frauen sind, die für das Fortbestehen der Menschheit sorgen, und dass es von entscheidender Bedeutung ist, jene Werte zu fördern, die sie verkörpern – Mitgefühl, Großzügigkeit und Güte. Bevor es zu spät ist. Bevor Gewalt und Krieg unser Leben unwiderruflich beherrschen. Bevor Wirtschaftsinteressen und Umweltzerstörung irreparable Schäden anrichten.

Dabei sollten wir nicht vergessen, vor welchem Hintergrund Tenzin Gyatso diese Aussagen macht: Seit mehr als 20 Jahren reist er unermüdlich um den Globus, um mit den Großen dieser Welt über die Frage des Weltfriedens zu diskutieren – mit Politikern, religiösen Führern, Wirtschaftsspezialisten und Philosophen. Und doch hat sich in den letzten Jahren nichts Entscheidendes verändert. Weltweit gibt es zahllose Konflikte. Extremistische Ideologien haben enormen Zulauf. In manchen Ländern werden die Rechte von Frauen und Kindern mit Füßen getreten. Der ökonomische Abgrund zwischen armen und reichen Ländern vertieft sich zusehends, und AIDS, Krieg, Armut und Hunger zählen auch zu Beginn des 21. Jahrhunderts zu den größten Geißeln der Menschheit. Man muss kein Pessimist sein, um zu konstatieren, dass es um unsere Welt nicht besonders gut bestellt ist und dass es immer häufiger zu ernsthaften Problemen kommt. Eben diese Verschlimmerung der Lage könnte bewirken, dass endlich die Veränderungen stattfinden, für die der Dalai Lama eintritt. Die internationale Krise, die im September 2008 ihren Anfang nahm, ist dafür ein gutes Beispiel. Diese Krise stellt unser gesamtes Wirtschaftssystem infrage. Wir haben allen Grund, uns Gedanken über die ethischen Folgen unseres wirtschaftlichen Handelns zu machen und damit über die Werte, die unsere Gesellschaft tragen. An diesem neuralgischen Punkt, an dem alte Strukturen sich möglicherweise auflösen, während andere sich gerade herauskristallisieren, sind die Frauen vielleicht unsere letzte Hoffnung. Können sie bewirken, dass die Welt sich endlich verändert, dass ethische und soziale Werte eine größere Bedeutung in unserer Gesellschaft erhalten? Zumindest legt der Aufruf des Dalai Lama einen solchen Schluss nahe.

Aber wird der Appell dieses Menschen, den die Zeitschrift ›Time‹ im Mai 2008 zu den zehn einflussreichsten Führungspersönlichkeiten der Welt zählte, Gehör finden? Voraussetzung für eine solche Veränderung ist ein echter Dialog zwischen Männern und Frauen, ein Dialog, der zu wahrer Gleichberechtigung führt und unsere veralteten Denkgewohnheiten aufbricht. Dies wäre möglich, wenn auf nationaler und internationaler Ebene ein entsprechendes gesellschaftliches Umfeld geschaffen würde. Möglicherweise geschieht das gerade. Die amerikanischen Präsidentschaftswahlen vom 4. November 2008 haben gezeigt, dass alles sich verändern kann, wenn das Bedürfnis nach einem radikalen sozialen Wandel stärker ist als alle Bedenken. Vier Jahre zuvor wäre ein solch tiefgreifender politischer und sozialer Wandel allerdings noch undenkbar gewesen.

Diese Wahl hat im Geschichtsbuch unserer Welt eine neue Seite aufgeschlagen. Am 20. Januar 2009 wurde Barack Obama als erster schwarzer Präsident der Vereinigten Staaten vereidigt. 40 Jahre zuvor war Martin Luther King ermordet worden, weil er sich für die Gleichberechtigung der Schwarzen eingesetzt hatte. Die Vereinigten Staaten haben der Welt eine wunderbare Lektion in Sachen Geschichte, Demokratie und Menschlichkeit erteilt, die beweist, dass wir ruhig weiter auf den Menschen vertrauen können.

Wie sagen doch die Apachen: »Alles steht bereits im großen Buch der Menschheit geschrieben, doch mit Mut und Achtung gegenüber unseren Mitmenschen, den Pflanzen, Tieren und der Natur können wir die Details dieser Geschichte selbst gestalten.« Diese Wahl ist ihre Vergeltung an jenen Barbaren, die einst zur Ausrottung der Indianervölker beitrugen.

Der Dalai Lama richtete seinen Appell an die Frauen von Frankreich aus, einem Land, in dem der Buddhismus schon seit den 60er-Jahren Verbreitung findet. Ich war an jenem Tag als französische Buddhistin zugegen, um mir anzuhören, was das religiöse und spirituelle Oberhaupt der Tibeter zu sagen hatte, und es berührte mich tief. Vielleicht werden wir diesen Tag in einigen Jahrzehnten als »historisch« bezeichnen. Denn wenn die Mahnung des »Kundun« (= Präsenz) auf fruchtbaren Boden fiele, würde sich unsere Zukunft wahrhaft verändern.

Als Journalistin bin ich mir der Tragweite der sozialpolitischen Aussagen des Dalai Lama bewusst und habe daher seine Äußerungen über die Rolle der Frauen im Sommer 2008 mit besonderem Interesse verfolgt. Da ich das Privileg hatte, ihn während der letzten 20 Jahre immer wieder zu interviewen, nahm ich mir daraufhin die Aufzeichnungen dieser Interviews sowie die Notizen vor, die ich bei seinen Vorträgen gemacht hatte, um weitere Hinweise auf seine Sicht bezüglich der Rolle der Frau zu finden. Diese habe ich in diesem Buch zusammengetragen. Ich hoffe, dass es viele Frauen – und die Männer in ihrem Umfeld – dazu veranlasst, über die Botschaft des Dalai Lama nachzudenken. Und ich hoffe, dass die Anregungen, die sie hier finden werden, ihnen dabei helfen, die Zukunft auf eine andere Weise zu gestalten.

Im letzten Teil des Buches geht es um Tibet und die 50-jährige Exilerfahrung des Dalai Lama und seines Volkes. Seit März 1959, also seit einem halben Jahrhundert, lebt das religiöse Oberhaupt der Tibeter nicht mehr in seinem Land. Im alten, von harten Lebensbedingungen geprägten Tibet war diese Zeitspanne häufig ein ganzes Frauenleben.

Das Exil führte dazu, dass die Exiltibeter ihr Feudalsystem revolutionierten und sich eine demokratische, auf den Menschenrechten basierende Verfassung gaben. Das bewahrte sie vor jenem Isolationismus, der so häufig in Gesellschaften entsteht, die sich von der Außenwelt abschotten.

Zur selben Zeit betrieben die Chinesen in Tibet die Assimilation eines ganzen Volkes durch die Ansiedlung von immer mehr Chinesen. Dabei ging die einzigartige geistige Kultur, die Tibet prägte, mehr und mehr verloren. Dies geschah in einem Klima der internationalen Indifferenz, das sich besonders deutlich anlässlich der Olympischen Spiele 2008 zeigte. Diese Gleichgültigkeit ist das Ergebnis einer zunehmenden Abhängigkeit von der chinesischen Wirtschaft, die auch die letzten Vorbehalte europäischer Staatschefs beseitigte, sich dem asiatischen Giganten anzunähern. Die einzigartigen Wachstumsraten der chinesischen Wirtschaft bringen das westliche Gewissen zum Schweigen und wecken allenthalben Begehrlichkeiten.

Doch auf dem Dach der Welt sterben die Tibeter zusammen mit ihrer Kultur, und das seit mehr als 50 Jahren. Die Repression geht mit unverminderter Härte weiter. Den Tibetern werden die elementarsten Menschenrechte vorenthalten. Tibet ist für sie zu einem gigantischen Gefängnis geworden, in dem der nackte Terror regiert. Was die Tibeterinnen anbelangt, so behandelt man sie noch schlechter als die Männer. Wenn sie im Gefängnis landen, werden sie speziellen Foltermethoden unterzogen, die gezielt für Frauen entwickelt wurden und extrem schmerzhaft sind. Sind sie hingegen »frei«, bleibt ihnen häufig nur die Prostitution, um ihren Lebensunterhalt zu verdienen. Der größte Teil der Tibeterinnen wird von chinesischer Seite einer rigorosen Form der Geburtenkontrolle unterworfen: Frauen, die nicht zwangssterilisiert werden, müssen unter Androhung drakonischer Strafen Verhütungsmittel benutzen. In den Krankenhäusern kommt es gar zu Kindstötungen.

Die chinesischen Behörden fürchten die moralische Stärke der Tibeterinnen, die sowohl im Exil als auch in Tibet eine wesentliche Rolle dabei spielen, die tibetische Kultur und Religion zu bewahren. Tibetische Frauen wehren sich mit großer Leidenschaft und Entschlossenheit gegen die Repression der Chinesen.

Eine dieser unbezähmbaren Frauen mit einem unabhängigen, durch jahrhundertealte tibetische Mystik geprägten Geist war es auch, die am 6. Juli 1935 den kleinen Lhamo Dhondrub zur Welt brachte, der zwei Jahre später als das 14. Oberhaupt der Tibeter, Jetsun Jamphel Ngawang Lobsang Yeshe Tenzin Gyatso, erkannt wurde. Sein Volk nennt ihn kurz Yeshe Norbu oder schlicht Gyalwa Rinpoche, »Vollendete Weisheit«. Der Rest der Welt kennt ihn als Dalai Lama.

Diese Frau war die erste und wichtigste Bezugsperson für den kleinen Jungen, der später als Verkörperung des Mitgefühls, als »Schützer der Lehre« gelten sollte. Sie war es, die ihren Sohn die Macht mütterlichen Mitgefühls erfahren ließ. Ihr ist es zu verdanken, dass er jene grundlegende Sicherheit erwarb, auf der seine innere Stärke gründet.

Tibet ist heute chinesisch. Es leben mehr chinesische Siedler als Tibeter dort. Dieser Prozess ist vielleicht nicht mehr umkehrbar. Trotzdem erheben viel zu wenige Menschen ihre Stimme, wenn sie hören, dass die Menschenrechte im Schneeland mit Füßen getreten werden.

In den letzten 50 Jahren hat sich die Welt dank des Buddhismus gewandelt, denn diese Tradition hat uns vieles zu geben, zum Beispiel auf dem Gebiet der Kognitionswissenschaft.

Wenn die Welt jedoch tatenlos zusieht, was wird dann bleiben vom Dalai Lama, von seinem Volk und dessen Kultur? Was wird in 50 Jahren noch davon übrig sein? Werden ihre Werte wie Mitgefühl, Freigebigkeit und Gewaltlosigkeit unsere Gesellschaft verändern? Der Dalai Lama fordert uns dazu auf, aktiv an dieser Veränderung mitzuwirken. Ich möchte gerne an einen solchen Wandel glauben, denn dann würde unseren Kindern eine strahlendere Zukunft bevorstehen.

Ich würde gerne glauben, dass Tibet und die buddhistischen Werte, die der Dalai Lama einst in dem bemerkenswerten Ausspruch » Meine einzige Religion ist die Liebe« zusammenfasste, nicht in Vergessenheit geraten, sondern unser Leben prägen werden. Eine universelle Botschaft, die wir uns alle – ob gläubig oder nicht gläubig – zu Herzen nehmen können, weil in ihr vor allem die Sorge um das Wohl der anderen zum Ausdruck kommt.

Eine Botschaft, die wir auch aus anderem Munde hören können. Schwester Emmanuelle, die ihr Leben den Ärmsten der Armen widmete, wurde beispielsweise einmal gefragt: » Wozu soll das Leben denn gut sein?« Daraufhin antwortete sie: » Für die Liebe.« Für die Liebe! Es liegt an uns, diese Herausforderung anzunehmen und die Welt entsprechend zu verändern. Jeder nach seinem Vermögen. Zu lieben – das ist eine Herausforderung und gleichzeitig unsere Aufgabe.

Catherine Barry

FRAU SEIN,
MENSCH SEIN IM 21. JAHRHUNDERT

Eure Heiligkeit,
im August 2008 geschah es zum ersten Mal, dass ein religiöser
Würdenträger von Ihrem Rang das Wort speziell an die Frauen
unter seinen westlichen Zuhörern richtete – Worte, welche die
meisten von uns tief bewegt haben. Überdies wurde in Ihren
Äußerungen noch etwas anderes deutlich – ein tiefgreifender
Wandel, der Sie dazu bewegt hat, im Laufe der letzten 50 Jahre
alle noch von den alten feudalen und patriarchalischen Struk-
turen Tibets geprägten Auffassungen Ihrer Jugendzeit hinter
sich zu lassen und sie unseren heutigen Wertvorstellungen
anzupassen. Eine so ausgeprägte geistige Wandlungsfähigkeit
zeichnete stets die großen buddhistischen Meister aus, die alles
Festhalten an äußeren Formen aufgegeben haben.

Diese gleichermaßen weise wie unkomplizierte Haltung
den Dingen gegenüber haben Sie sich schon früh zu eigen ge-
macht. Sie galten Ihren tibetischen Landsleuten stets als le-
bende Gottheit, doch als Sie am 31. März 1959 in Indien
ankamen, wurden Sie für den Rest der Welt zum Flüchtling
und gewöhnlichen Sterblichen. Sie überquerten die Höhenzü-
ge des Himalaja und wurden unvermittelt von einem Kapitel
der Geschichte ins nächste katapultiert: Eben noch im Besitz
der absoluten Macht, hing Ihr Überleben und das vieler
Landsleute mit einem Mal von der Gnade und Barmher-
zigkeit eines benachbarten Landes ab. Bescheiden fügten Sie

sich in die neue Situation und machten sich mit Mut und Ein-sicht daran, Ihr Volk vor dem sich ankündigenden Völker-mord zu retten. Diese Bemühungen wurden 1989 mit der Verleihung des Friedensnobelpreises gewürdigt. Die Weltöf-fentlichkeit wurde aufmerksam auf Ihren gewaltfreien Kampf für Tibet und auf Ihr außergewöhnliches Wissen über den menschlichen Geist. Sie wurden zum beliebten Diskussions-partner von Kognitionswissenschaftlern, deren Untersuchun-gen im Labor unter anderem belegen, dass das Gehirn von Meditierenden eine ungewöhnlich hohe neuronale Aktivität aufweist. Weitere Versuche haben gezeigt, dass positive Emo-tionen wie Liebe, Mitgefühl oder Großzügigkeit unser Glücks-empfinden und unsere Gesundheit positiv beeinflussen. Diese Erkenntnisse machen deutlich, dass die Möglichkeit geistiger Wandlung, wie Sie sie vorleben, jedem offensteht, dass ein radikaler Wandel des gesellschaftlichen Wertesystems, wie Sie ihn anstreben, möglich ist. Gehen Ihre Wünsche in Erfüllung, dann könnte wirklich bald das »Zeitalter der Frau« anbre-chen, das Sie kommen sehen. Ein solidarisches, weniger ge-walttätiges Zeitalter, in dem weibliche Werte im Vordergrund stehen.

Ihr Appell an uns Frauen zeigt, dass Ihre Haltung von Of-fenheit geprägt ist, was man beileibe nicht von allen Reprä-sentanten der einzelnen Religionen sagen kann. Für Sie ist es eine Selbstverständlichkeit, dass wir Frauen dasselbe Potenzial für innere Entwicklung besitzen wie die männliche Hälfte der Menschheit und dass wir fähig sind, dasselbe Maß an Ver-antwortung zu übernehmen. Sie machen uns Mut mit Ihrer Rede, die von einem so ganz anderen Ton geprägt ist als so manche Äußerungen, in denen ein jüngst wieder wachsender Fundamentalismus unterschiedlichster Couleur zum Ausdruck kommt. In manchen Ländern ist die Lage der Frau besonders besorgniserregend. In anderen gibt es Bestrebungen, bereits erkämpfte Frauenrechte wieder zurückzunehmen – auch hier in Europa, wo die Gleichstellung von Frauen und Männern längst noch nicht realisiert ist. Hinzu kommt die aktuelle Wirtschaftskrise, die viele Probleme noch verschärft.

Uns Frauen ist bewusst, dass noch viel zu tun ist, damit Ihr Wunsch nach einer »weiblicheren« Zukunft Wirklichkeit wird. Doch wissen wir auch, dass schon ein Körnchen Sand genügt, um einen ganzen Motor zu blockieren, und dass jede von uns, sei es am Arbeitsplatz oder in der Familie, dieses Sandkorn sein kann. Kein Beitrag ist zu klein, und unsere vereinten Bemühungen werden letztlich zur Veränderung führen. Schon jetzt folgen viele Frauen Ihrem Appell und engagieren sich in Ihrem Sinne für den sozialen Wandel. Doch um unser Engagement voranzubringen, ist ein ständiger Dialog zwischen uns und Ihnen nötig. Wir wollen begreifen, welche Erwartungen Sie an uns haben und wie Ihre Vision der Zukunft aussieht, damit wir sie bewusst umsetzen können. Sie wiederum sollten uns besser kennenlernen, um die Hindernisse zu verstehen, die sich uns im Alltag entgegenstellen.

Wir Frauen haben vielfach Probleme damit, einen Sinn in unserem Tun zu sehen und Selbstvertrauen zu entwickeln. Wir haben das als Kinder nicht gelernt. Die Gründe hierfür sind mannigfaltig – der Werteverfall unserer Gesellschaft, die Auflösung der Familienstrukturen, der zunehmende Egoismus, das Fehlen von Liebe und das ständige Konkurrenzdenken, das schon in der Schule beginnt, sodass wir andere häufig als Rivalen sehen. All das gibt uns das Gefühl, »entwurzelt« zu sein. Im Alltag haben wir im Vergleich zu unseren Ehemännern oder Lebenspartnern mit weit mehr Schwierigkeiten zu kämpfen. Aus ebendiesen Gründen fällt es uns schwer, unser Leben als sinnvoll oder gar als »kostbar« zu betrachten, wie Sie, Eure Heiligkeit, dies lehren. Würden Sie diese Ansicht auch vertreten, wenn Sie selbst eine Frau wären?

Betrachtet man den Weg, den Sie selbst zurückgelegt haben, so gewinnt man den Eindruck, dass Sie Ihr Leben durchaus als sinnvoll empfinden – dank der Liebe und der Ausbildung, die Ihnen zuteilwurden. Die Gesetzmäßigkeiten des Karma*, der Vergänglichkeit und der wechselseitigen Abhängigkeit der Wesen und Erscheinungen erklären, wie Sie sagen, zumindest teilweise das Leiden des tibetischen Volkes. Sie akzeptieren dieses Leid und nehmen es auf sich. Sie tun alles dafür, dass die Geschichte Ihrem Volk nicht noch einmal eine solche Tragödie auferlegt. Die Art, wie Sie das Leben und die Lehren des Buddhismus auffassen, kann den Frauen dieser Welt als Inspiration dienen, egal ob sie Buddhistinnen sind oder nicht. Sie kann ihnen helfen, auch leidvollen Erfahrungen einen Sinn abzugewinnen, selbst wenn diese zunächst vollkommen sinnentleert wirken. Es ist nie zu spät dafür zu lernen, uns nicht mehr zum Opfer eigener oder fremder Geistesgifte zu machen, und dieses Wissen an unsere Kinder weiterzugeben.

Die Jugend ist nach westlichem Verständnis eine Schlüsselperiode im Leben, eine Zeit der inneren Konflikte und des heftigen Aufbegehrens gegen sich selbst, die Familie und die Gesellschaft. Ist man jung, erscheint einem das Leben häufig sinnlos und man würde es am liebsten wegwerfen. Europa hat weltweit die höchste Suizidrate bei Jugendlichen. Ich erinnere mich noch gut an eine meiner Freundinnen. Sie war 15 und gerade einmal in der Pubertät, und doch empfand sie ihr Leben schon als vollkommen sinnlos. Sie beschloss, mit allem Schluss zu machen, um ihren unerträglichen Schmerz nicht mehr ertragen zu müssen. Sie fand den Schlüssel zum Glück nicht mehr, und so unternahm sie diesen schrecklichen, weil unwiderruf-

---

* Die mit einem Sternchen gekennzeichneten Begriffe werden im Glossar auf S. 210 erläutert.

lichen Schritt. Was hätten Sie ihr sagen können, um sie vom Sterbenwollen abzuhalten?

Doch nicht nur Jugendliche nehmen sich selbst das Leben. Erst diesen Sommer habe ich eine Frau kennengelernt, die bereits mehrere Suizidversuche, wie die Mediziner sagen, hinter sich hatte. Ich stelle mir vor, wie Sie ihr sagen, dass »der Geist die Welt schafft, in der wir leben«. Doch sie hat es satt, Tag für Tag ums Überleben zu kämpfen, und ich muss zusehen, wie sich bei diesen Worten ein Abgrund vor ihr auftut. Ich sehe, wie sie sich abkapselt, sich immer mehr verschließt. Das Lächeln verschwindet aus ihren Augen. Wenn ich sie in meine Arme nehme und sie schweigend festhalte, weint sie. Was soll man in solchen Momenten nur tun?

Angesichts einer Selbsttötung fühlt man sich machtlos.

Die Wunden der Kindheit, unser Unvermögen, ihnen sinnhafte Perspektiven aufzuzeigen, können dazu führen, dass unsere Mitmenschen solch einen extremen Schritt tun. Für uns im Westen hat alles Leid seinen Ursprung in der Kindheit – Freud lässt grüßen. Aus buddhistischer Sicht ist das Leiden die Frucht unseres Karmas, des Gesetzes von Ursache und Wirkung. Wenn wir um die Existenz dieses Gesetzes wissen, es akzeptieren und verstehen, hilft uns das, mit leidvollen Erfahrungen fertigzuwerden. Wir begreifen, dass wir nicht Opfer anderer Menschen sind, sondern Opfer unserer selbst, unserer Ängste und Egoismen. Wie aber kann die spirituelle Praxis einem Menschen helfen, der keine Lust mehr hat auf den Daseinskampf, der seinen Lebensmut verloren hat?

Wie kann die spirituelle Praxis uns als Erwachsenen helfen, unsere Ängste abzubauen? Wie können wir Tag für Tag dem Druck und den Problemen einer Doppelbelastung in Familie und Beruf standhalten, wenn wir schon als Kinder jede Lebensfreude, jede Lust auf das Leben verloren haben? Wäre es nicht besser, einfach eine Therapie zu machen?

Familie, Beruf und spirituelle Praxis scheinen kaum mitei-
nander vereinbar, wenn wir ohnehin schon das Gefühl haben,
angesichts unserer zahlreichen Verpflichtungen zusammenzu-
brechen. Wie sollen wir da noch die Kraft aufbringen, unser
Herz zu öffnen und Ihre Ratschläge in die Praxis umzuset-
zen? Uns fehlen sowohl Zeit als auch Energie, um uns um
unser Wohlergehen zu kümmern. Ist dieser Gedanke nicht
schlicht utopisch? Weltfremd? Sich trotz Stress noch mit bud-
dhistischen Prinzipien auseinanderzusetzen und überdies eine
spirituelle Praxis zu entwickeln, scheint mit unserer Lebens-
wirklichkeit häufig unvereinbar. Frauen fühlen sich heute kör-
perlich und seelisch oft ausgebrannt. Sie haben keine Lust, sich
noch irgendwelche Extraaufgaben aufzuhalsen, geschweige
denn, sich einer spirituellen Tradition unterzuordnen, die viele
als »männerdominiert« empfinden. Wie kann der Buddhismus
solche Vorwürfe entkräften?

Sie lehren uns, uns selbst und denen gegenüber, die uns
verletzen oder Unrecht tun, Toleranz und Wohlwollen zu ent-
wickeln. Doch wie gelingt uns das? Wie können wir dem Pfad
des Bodhisattva* folgen, der im Zentrum des Mahayana-
Buddhismus* steht? Sie sagen, dass man das Bodhisattva-Ideal
nur verwirklichen kann, wenn man auch sich selbst Liebe und
Mitgefühl entgegenbringt. Doch eben dazu sind viele von uns
Frauen seit Langem nicht mehr fähig. Nicht wenige haben kei-
nen Partner, der sie liebt und ihr Leben mit ihnen teilt. Viele
haben auch vergessen, dass sie liebenswert sind und ihr Wert
nicht von anderen Menschen abhängt.

Einsamkeit ist eine der großen Geißeln der modernen Ge-
sellschaft. Besonders Frauen leiden darunter. Sie haben ihre
Kinder allein großgezogen und wissen, dass sie allein sterben
werden. Was raten Sie diesen Frauen, um ihren Schmerz zu lin-
dern? Es genügt vielleicht nicht, ihnen zu sagen, dass sie nicht
allein sind, dass nach buddhistischer Auffassung alle Wesen

und alle Erscheinungen in wechselseitiger Abhängigkeit miteinander vernetzt sind.

Viele Frauen suchen in ihrer Einsamkeit Trost in der Sucht. Essstörungen zum Beispiel werden immer häufiger. Manche Frauen unterwerfen sich völlig dem Diktat der Modezeitschriften. Sie unterziehen sich jeder nur möglichen Tortur, um den magersüchtigen Models in der Werbung zu gleichen und sich in ein körperloses Nichts zu verwandeln. Doch selbst wenn der Körper erlischt, bleibt das Leiden erhalten. Andere flüchten sich in Einkaufsorgien, um ihre Frustrationen abzubauen, wieder andere werden spielsüchtig oder sprechen dem Alkohol im Übermaß zu.

Kann ein Mensch, der als Mönch lebt, solch ein Verhalten, das letztlich nur der Flucht aus der Wirklichkeit dient, überhaupt nachvollziehen? Wir leben in einer Gesellschaft, die sich zur Frustrationsmaschine entwickelt hat. Kann Meditation uns einen Ausweg aus dem Gefühl der Sinnlosigkeit zeigen? Kann sie uns helfen, uns weniger depressiv, weniger einsam zu fühlen? Mit Problemen wie Gewalt in der Ehe oder Belastungen am Arbeitsplatz fertigzuwerden?

Man möchte meinen, dass der Feminismus zu einer deutlichen Verbesserung der Stellung der Frau und ihrer Rolle in der Gesellschaft beigetragen hätte. In gewisser Weise trifft das auch zu, doch Gewalt gegen Frauen ist immer noch ein Thema. So berichtete beispielsweise die französische Tageszeitung ›Libération‹ im September 2008, dass eine von zehn Frauen in Europa Opfer häuslicher Gewalt wurde und zu den hauptsächlichen Todesursachen bei Frauen zwischen 16 und 44 ebenfalls häusliche Gewalt gehört.

Auch die Fälle von Gewalt und Belästigung am Arbeitsplatz häufen sich. Manche Männer können ihrer Verantwortung offensichtlich nur mithilfe von gewaltsamem Verhalten »gerecht« werden. Frauen hingegen lassen dies oft aus Angst vor der körperlichen Überlegenheit der Männer ohne Gegenwehr über sich ergehen.

Sie haben bei Ihrem Besuch im Sommer wie ein Freund, ein Vater, ein Weiser zu uns Frauen gesprochen. Sie haben uns Ihr Vertrauen entgegengebracht und uns ermutigt, in unser Herz zu blicken. Sich auf einen spirituellen Pfad zu begeben, der auch Laien offensteht, und sich dabei innerlich zu entwickeln, ist das schönste aller Abenteuer, sofern man die nötige Veranlagung mitbringt. Die ersten, schwierigen Etappen führen uns in die Abgründe unserer Psyche. Dieser Teil der Reise kann mitunter entmutigend sein. Die Gefahr eines »Absturzes« ist auf dem langen Weg der inneren Wandlung stets vorhanden. Viel Zeit und Geduld sind notwendig, bis das Dunkel der Unwissenheit sich lichtet, bis positive Elemente wie Freude, Licht, Sanftmut, Begeisterung und Liebe einkehren! Und die Disziplin, die nötig ist, um unabhängig von äußeren Umständen glücklich und gelassen zu sein, muss mit viel Geduld erworben werden.

Dies alles wollte ich Ihnen sagen, Eure Heiligkeit, damit Sie uns Frauen besser verstehen und unsere Fragen beantworten können. Denn nur so können wir Ihrem Aufruf Folge leisten.

Voller Hochachtung
Catherine Barry

Dieses Jahrhundert wird das Jahrhundert der Frau
sein. Die Frau sollte in unserer Gesellschaft
Schritt für Schritt eine wichtigere Rolle einnehmen.

Früher basierte unsere gesellschaftliche Ordnung auf Machtbeziehungen. An der Spitze standen Männer, die für den Erhalt ihres Territoriums kämpften und ihre Familie verteidigten. Auch heute noch finden sich in vielen Kulturen Überreste dieser primitiven Strukturen, doch die Kriterien, an denen politische Systeme gemessen werden, haben sich weiterentwickelt. In mehr und mehr Ländern erhalten Mädchen und Jungen mittlerweile die gleiche Erziehung. Es ist nur logisch, dass Frauen in unserer Gesellschaft eine wichtigere Rolle spielen als bisher. Sie können aktiv dazu beitragen, eine Gesellschaft zu begründen, die auf Werten wie Frieden, Solidarität und Gewaltlosigkeit beruht. Die ihnen eigenen Qualitäten wie etwa Güte und Wohlwollen, ihre natürliche Neigung, anderen mit Mitgefühl zu begegnen, verleiht ihnen eine einzigartige Stellung. Politiker sollten dies berücksichtigen und Frauen mehr Schlüsselpositionen anvertrauen.

Frauen neigen von Natur aus mehr zum Mitgefühl als Männer.

Dass wir zum Wohl der anderen handeln und Mitgefühl zeigen, ist in dieser Zeit der Globalisierung wichtiger als je zuvor. Wir sind voneinander abhängig und eng miteinander verbunden, dies gilt vor allem in ökonomischer und ökologischer Hinsicht. Damit unsere wechselseitige Abhängigkeit nicht zur Ursache von Konflikten wird, müssen Werte wie Solidarität und Selbstlosigkeit zur Grundlage unserer Gesellschaft werden. Auf diese Weise können wir schreckliche Katastrophen verhindern, zu denen es immer kommt, wenn die menschliche Intelligenz in böser Absicht genutzt wird – so wie es am 11. September 2001 in den Vereinigten Staaten geschehen ist. Dass Frauen von Natur aus mitfühlender sind als Männer, ist eine Tatsache. Aus diesem Grund denke ich, dass die Zukunft den Frauen gehört. Sie sollten ihr Potenzial auf ihre bewährte pragmatische Weise nutzen, um damit einen tiefgreifenden Wandel einzuleiten. Wir sollten sie in ihrem Streben nach Solidarität und mehr Verantwortung unterstützen.

Doch selbstverständlich sollten wir uns alle darum bemühen, uns zu verändern und die Welt von morgen menschlicher zu gestalten, denn wir haben alle die Anlage zum Mitgefühl. Das Mitgefühl ist ein wesentlicher Teil unserer Natur. Damit es zum Tragen kommen kann, müssen wir uns lediglich gezielt darin üben. Ebendas zeigen die Forschungsarbeiten von Kognitionswissenschaftlern über erfahrene praktizierende Buddhisten.

Geistige Techniken helfen uns, unser Potenzial zu verwirklichen.

Der Buddhismus lehrt uns geistige Techniken, die uns helfen, unser Potenzial zu entwickeln und unsere negativen Seiten zum Verschwinden zu bringen. Dieser Aspekt des tibetischen Buddhismus, den man auch als »Wissenschaft des Geistes« bezeichnet, interessiert die Menschen im Westen sehr. Die beschriebenen Erfahrungen sind reproduzierbar und in gewisser Weise auch »messbar«, was für den Westen eine große Bedeutung zu haben scheint. Die analytische Meditation beispielsweise nutzt die intellektuellen Fähigkeiten des Menschen. Andere Techniken wiederum sorgen für eine große emotionale Stabilität.

Der Dialog mit den Neurowissenschaften
trägt zu einem besseren Verständnis unseres Geistes bei.

Der Dialog des Buddhismus mit den Neurowissenschaften trägt zu einem besseren Verständnis des menschlichen Geistes bei. Auf diese Weise erkennen wir auch eher, welche Verantwortung wir gegenüber der Natur und unseren Mitgeschöpfen haben.

Viele Menschen fragen sich, was einen buddhistischen Mönch dazu treibt, sich so intensiv für die Wissenschaft zu interessieren, und welche Verbindung zwischen Buddhismus und moderner Wissenschaft besteht.

Beide Bereiche haben wichtige Gemeinsamkeiten. Sie hüten sich vor jedweden Erklärungen, die auf etwas Absolutes oder Ewiges hinauslaufen. Beide sind von einem gewissen empirischen Ansatz geprägt. Der Buddhismus betont beispielsweise, wie wichtig es ist, Dinge mithilfe der eigenen Erfahrung, der Vernunft und des persönlichen Erlebens zu erforschen. Die Erfahrung liefert den Beweis, die Vernunft erklärt die Mechanismen und das persönliche Erleben bestätigt beides.

Aufgrund dieser »wissenschaftlichen« Herangehensweise gelang es dem Buddhismus, Mittel zu finden, mit denen das menschliche Leid überwunden werden kann, indem er den Menschen einen Weg zu einem gesünderen und fröhlicheren Leben aufzeigt. Auf diese Weise haben wir im Laufe der Jahrhunderte eine gründliche Kenntnis der menschlichen Psyche erlangt und konnten so Mittel und Wege entwickeln, mit denen sich unser Denken und Fühlen sowie die Tendenzen, auf denen beide gründen, sich verändern lassen.

Die Erfahrungen buddhistischer Mönche
werden von der Kognitionswissenschaft bestätigt.

Die Kognitionswissenschaft interessiert sich für die umfassende Klassifizierung von Geisteszuständen und kontemplativen Techniken durch den Buddhismus. Der Austausch zwischen Neurobiologen, Psychologen und Buddhisten über Fragen zu Wesen und Funktion positiver und negativer Emotionen, zur Aufmerksamkeit oder neuronalen Aktivität ist ausgesprochen fruchtbar.

Die Erkenntnisse der Neurowissenschaften haben große Auswirkungen auf unser Leben in der Gesellschaft. Die Kognitionswissenschaft bestätigt die Erfahrungen, die buddhistische Meditierende seit Jahrtausenden machen. Dies öffnet den Weg für die Nutzung bestimmter Techniken und Erfahrungen zum Beispiel bei der Stressbekämpfung, in der Palliativmedizin oder bei der Behandlung von Kindern mit Aufmerksamkeitsstörungen. Der Buddhismus wiederum, der seit jeher davon ausgeht, dass im menschlichen Geist das Potenzial zu einer vollkommenen Wandlung angelegt ist, wird in seinen Aussagen bestätigt. Die Anerkennung der Errungenschaften unserer Kultur erlaubt es uns, aktiv zum Wohlergehen der Menschheit beizutragen – und ebendies ist unsere Absicht.

Das Glück in der Konsumgesellschaft ist nicht dauerhaft.

Der Buddhismus propagiert eine andere Sichtweise des Lebens, was in den Ländern des Westens auf großes Interesse stößt, denn dort sind zwar die materiellen Grundbedürfnisse der meisten Menschen gesichert, doch Angst und seelische Not nehmen allmählich überhand. Das Glück, das westliche Gesellschaften versprechen, lässt auf sich warten. Leiden, Zweifel und innere Verwirrung sind mit materiellen Gütern nicht zu lindern. Die einzig wirkliche Lösung für diese emotionalen Probleme ist in der Spiritualität zu finden, sei diese nun weltlicher oder religiöser Natur.

Das Leiden der modernen Welt habe ich kennengelernt, als ich ins indische Exil ging. Anfangs, als ich sie nur von außen kannte, war ich begeistert von der westlichen Gesellschaft. Doch ich stellte nur zu bald fest, dass die Menschen im Westen seelisch leiden, und das mitunter deutlich stärker als die Einwohner ärmerer Länder. Werteverluste oder Probleme wie Angst, Frustration, Unsicherheit und Depressionen gehören zu den Symptomen dieser Gesellschaft.

Aggressivität und Gewalt entstehen stets aus Frustration. Und dazu kommt es oft genug. Obwohl der Westen sich im Moment in einer weitreichenden Wirtschaftskrise befindet, besitzt er alles – zumindest scheint es so. Trotzdem sind die Menschen stets angespannt. Angst und Konkurrenzdenken prägen das Leben und führen zu Unzufriedenheit und Frustration. Dies wiederum verursacht Stress, der dem Körper ebenso schadet wie dem Geist, der keine Ruhe mehr findet. Auf diese Weise entsteht häufig Gewalt, vor allem bei jungen Leuten.

Unser Glück beruht auf dem Glück anderer.

Um mit ihren Problemen fertigzuwerden und wieder innere Ruhe zu finden, greifen die Menschen im Westen immer häufiger zu Psychopharmaka, aber das ist keine Lösung. Erst kürzlich war ich bei amerikanischen Freunden eingeladen, die wohlhabend und ausgesprochen nett sind. Als ich in ihrem Medizinschränkchen etwas suchen musste, entdeckte ich, dass es voller Antidepressiva und Schlafmittel war. Diese Medikamente sollen das Wohlbefinden wiederherstellen. Doch wenn wir uns allzu sehr auf sie verlassen, übersehen wir, dass solche Probleme meist aufgrund einer egoistischen Haltung entstehen, die uns nicht erkennen lässt, wie sehr unser Glück von dem der anderen abhängt. Dies zu begreifen ist eine der großen Herausforderungen in unserer modernen Gesellschaft und gleichzeitig ist ebendies das Geheimnis des Glücks. Wenn wir unseren Egoismus dämpfen und verstehen, dass unser Glück auf dem Glück anderer beruht, können wir auch unser eigenes Leid verringern.

Wir sollten auch uns selbst
Mitgefühl und Liebe entgegenbringen.

Beim Bodhisattva-Gelübde versprechen wir, alles zu tun, um anderen nützlich zu sein und sie vom Leiden zu befreien, doch wir selbst sind ebenfalls vom Leiden betroffen. Daher müssen wir auch uns selbst Mitgefühl und Liebe entgegenbringen. Nur so können wir unser eigenes Glück fördern. Dies ist die unabdingbare Voraussetzung, um andere lieben und an ihrem Glück teilhaben zu können. Eine gesunde Selbstliebe widerspricht keineswegs der buddhistischen Ethik und ist daher nicht als Egoismus zu werten. Wenn wir uns selbst lieben, erkennen wir uns als menschliches Wesen mit denselben Qualitäten an, wie sie auch alle anderen menschlichen Wesen besitzen. Und wir gestehen uns zu, so wie die anderen nach Glück zu streben. Wenn wir anderen helfen wollen, müssen wir also zunächst uns selbst gegenüber eine wohlwollende Haltung einnehmen. Auch das ist gemeint, wenn es heißt, wir sollten einem spirituellen Weg folgen. Der Buddhismus bietet dazu viele Möglichkeiten. Doch worum es hier letztlich geht, ist die Entwicklung jener Qualitäten, die dem menschlichen Geist eigen sind: Mitgefühl, Liebe, innere Ruhe, Erkenntnisvermögen und Zuversicht.

Viele Menschen im Westen haben kein Selbstvertrauen.

Viele Menschen im Westen haben ein geringes Selbstwertgefühl und trauen sich viel zu wenig zu. Dieser Mangel an Selbstliebe ist charakteristisch für die moderne Gesellschaft und verursacht eine Menge Leiden. Es hat einige Zeit gedauert, bis ich begriffen habe, wie viele Menschen davon betroffen sind. Das lag daran, dass das menschliche Leben im Buddhismus als etwas äußerst Kostbares gilt, weil es uns unbegrenzte Entwicklungsmöglichkeiten bietet, die bewirken, dass wir glücklich sein und anderen ihr Glück gönnen können. Wir Tibeter lernen das von Kindesbeinen an. Daher haben wir großes Vertrauen in das Leben selbst, in unsere Fähigkeiten und in den Menschen im Allgemeinen. Und dieses Potenzial besitzen alle Menschen. Das Gefühl, wertlos zu sein, ist eine höchst schädliche Illusion, die wir als solche erkennen und bekämpfen müssen. Wir besitzen ja die Fähigkeit zum Nachdenken. Nutzen wir sie also, um uns über unsere Situation klarzuwerden und den Wunsch zur Veränderung zu entwickeln, sodass wir glücklich sein und anderen helfen können, sich ebenfalls vom Leiden zu befreien. Wenn wir uns dafür entscheiden, können wir unsere Gedanken, unsere Gefühle und unser Handeln so ausrichten, dass wir tatsächlich ein Leben voller Gelassenheit und Freude führen können. Es hat keinen Sinn, sich entmutigen zu lassen. Wir alle wünschen uns, glücklich zu sein. Und das ist auch in Ordnung. Das Gesetz der Vergänglichkeit lehrt, dass in jedem Augenblick alles möglich ist, weil nichts wirklich von Dauer ist, weder Leid noch Glückszustände, soweit diese in der Welt der Sinne verhaftet sind. Jeder kann seinen Geist umwandeln, um für sich und andere dauerhaftes Glück zu schaffen, das nicht von irgendwelchen Umständen abhängig ist.

Spiritualität ist nötig für den Geist.

Damit wir ein würdiges und glückliches Leben führen können, braucht unser Geist Spiritualität so wie unser Körper Nahrung braucht. Die Spiritualität – ob sie nun an eine bestimmte Religion geknüpft ist oder nicht – kann dazu beitragen, die zahlreichen Probleme zu lösen, mit denen sich der Mensch im Westen konfrontiert sieht. Dazu gehören etwa Gewalt in der Ehe, Alkohol- und Drogenmissbrauch sowie die Auflösung der Familienstrukturen. Für all das müssen geeignete Lösungen gefunden werden. Wird aber die spirituelle Dimension des Lebens vernachlässigt, können sich keine dauerhaften Lösungen ergeben, weil der Mensch sich nur mithilfe der Spiritualität vom Leiden und seinen Ursachen befreien kann.

Durch Einnahme bewusstseinsverändernder Substanzen
kann kein spiritueller Fortschritt erzielt werden.

Man benötigt keine Drogen, um ein spirituelles Leben zu führen. Vor allem in der New-Age-Bewegung gibt es viele Menschen, die ihren Drogenkonsum damit rechtfertigen, dass diese Substanzen in animistischen Kulturen zur Bewusstseinserweiterung und zum Erreichen ekstatischer Zustände eingesetzt wurden. Diese Bewusstseinszustände ähneln angeblich denen, die man während der Meditation erreichen kann. Das stimmt nicht. Drogen vermindern die Fähigkeiten des Geistes, vor allem schwächen sie jene Analysefähigkeit, die der Geist in der Meditation anstrebt. Unter Drogeneinfluss ist es schwierig, wenn nicht sogar unmöglich, spirituelle Übungen durchzuführen, die den Geist wandeln und uns vom Leid befreien sollen. Durch Einnahme bewusstseinsverändernder Substanzen kann kein Fortschritt erzielt werden.

Drogen sind kein wirksames Mittel gegen das Leiden.

Mittlerweile kommt es in allen Kulturen zu Alkohol-, Medikamenten- und Drogenmissbrauch. Auch Frauen und Jugendliche sind in hohem Maße davon betroffen. Diese Substanzen erlauben uns für kurze Zeit eine Flucht aus der Welt, sodass wir die Schwierigkeiten des Lebens vergessen können. Doch wenn die Wirkung nachlässt, sind die Probleme immer noch da und haben sich manchmal weiter verschlimmert. Viele Menschen nehmen beispielsweise Drogen, weil sie sich einsam fühlen. Der Zustand, den sie dadurch erlangen, lässt sie ihre Einsamkeit für kurze Zeit vergessen. Doch auf diese Weise grenzen sie sich von der Welt und ihren Mitmenschen ab. Dadurch verstärkt sich das Gefühl der Einsamkeit, sobald der Rausch vorbei ist. Bewusstseinsverändernde Mittel einzunehmen ist keine Lösung und verhilft schon gar nicht zu dauerhaftem Glück. Wenn wir dauerhaftes Glück anstreben, müssen wir langfristig denken und die Ursachen unseres Leids mit der Wurzel ausreißen. Wenn wir automatisch all den Wünschen nachgeben, die uns in den Sinn kommen, ohne über die Konsequenzen nachzudenken, verstärkt sich unser Leiden nur. Wenn ein Problem auftaucht oder wir von jemandem verletzt werden, sollten wir daher weder wütend reagieren noch Substanzen einnehmen, die uns das Problem für kurze Zeit vergessen lassen. So beseitigen wir die Ursache unserer Schwierigkeiten nämlich nicht.

Persönliche Disziplin entwickeln

Natürlich gibt es für Drogenprobleme kein Allheilmittel, das Wunder wirken könnte. Die Menschen, die davon betroffen sind, müssen Hilfe suchen. Und sie sollten eine Disziplin entwickeln, um ihre Heilung zu fördern. Konzentration und

Beobachtung des Geistes helfen uns, negative Gedanken und Emotionen umzuwandeln, die jeder Form von solch »automatisiertem« Verhalten zugrunde liegen. Jeder Mensch hat die Fähigkeit, so viel Achtsamkeit und Aufmerksamkeit zu entwickeln, dass er nicht mehr in einer Art und Weise reagiert, die ihm letztlich schadet. Wir alle besitzen die Kraft, über die möglichen Folgen unseres Tuns nachzudenken, bevor wir handeln. Moralvorstellungen helfen uns hier allerdings nicht weiter. Denn beim Umgang mit Drogen hat es keinen Sinn, sich zu sagen: »Ich nehme sie nicht, weil es verwerflich ist.« Das ist völlig unwirksam, weil man damit nur seine Selbstachtung untergräbt und sich Schuldgefühle macht. Moralische Grundsätze sind im Kampf mit Drogenproblemen viel zu schwach. Viel sinnvoller ist es dagegen, die Bedingungen zu ändern, die das Leiden hervorrufen. Und das bedeutet, eine gewisse Disziplin zu entwickeln. Die Disziplin ist ein unschätzbar wertvoller Verbündeter, wenn man sich ändern möchte. Ohne Disziplin ist kein echter Wandel möglich. Wenn wir uns selbst infrage stellen, über die Folgen unseres Handelns nachdenken und genauestens auf unsere Reaktionen achten – dann können wir eine gewisse Distanz schaffen und müssen nicht auf alles, was uns widerfährt, sofort reagieren. Sicher braucht dies Zeit, doch dann ändern die Dinge sich Schritt für Schritt, und die Abhängigkeit lässt nach.

Ziel unseres Lebens ist es, glücklich zu sein.

Im Allgemeinen sind die Menschen im Westen weniger auf Leiden eingestellt als die Menschen in Asien. In Asien nimmt man das Leid als Teil des Lebens, es ist unvorhersehbar wie der Tod. Es ist nur natürlich, dass man das Leiden fürchtet, doch es hat keinen Sinn, sich davor verstecken zu wollen. Leiden ist Teil des Lebens. Daran lässt sich nichts ändern. Wir müssen einfach damit fertigwerden, wenn es kommt. Wir Tibeter beispielsweise glauben an das Karma, das Gesetz von Ursache und Wirkung. Es hilft uns, mit der leidvollen Erfahrung des Exils fertigzuwerden. Doch unser Glaube an das Karma trägt auch dazu bei, dass wir aus der Vergangenheit lernen und Handlungen vermeiden können, die über kurz oder lang unweigerlich zu neuem Leiden führen würden.

Ziel des Lebens ist es, glücklich zu sein. Jedes menschliche Wesen strebt von Geburt an nach Glück. Aus tiefstem Herzen trachten wir nach wirklicher Befriedigung. Ebendaher sind wir stets auf der Suche nach etwas, das uns wahres, möglichst dauerhaftes Glück schenkt und uns vom Leid befreit. Wenn wir gründlich über das Leid nachdenken, können wir feststellen, dass es möglich ist, sich davon zu befreien. Wäre dies nicht der Fall, so wäre es ausgesprochen morbide, über das Leid nachzudenken. Doch der historische Buddha hat gelehrt, dass es möglich ist, sich vom Leiden zu lösen und seine Ursachen zu vermeiden, um so die Befreiung zu erreichen – um zu erwachen. Zu diesem Zweck müssen wir unsere grundlegende Unwissenheit abstreifen.

Die Geistesgifte

Der Buddhismus geht davon aus, dass die grundlegende Unwissenheit uns an trügerische Illusionen glauben lässt, an ein grenzenloses Verlangen, das zu extremen Emotionen wie Gier, Hass und Gewaltbereitschaft führt. Das sind die Wurzeln des Leidens. Man nennt sie auch die »Geistesgifte«. Durch sie wird unser Geist geprägt. Je nach unserer geistigen Verfassung gibt es zahllose Ursachen für Leiden und Unzufriedenheit. Wenn wir einmal unsere Haltung dem Leid gegenüber betrachten, wenn wir lernen, uns weniger von unseren Wünschen und von äußeren Dingen abhängig zu machen, dann werden wir fähig, mit leidvollen Erfahrungen und Problemen gelassener umzugehen. Wir müssen also lernen, die Dinge anders zu sehen, mit mehr innerem Abstand. Mir hilft dabei der Gedanke, dass das Leiden die grundlegende Natur von Samsara* ist, dem Kreislauf der Wiedergeburten. Auf diese Weise lassen sich alle Probleme erheblich relativieren.

Wir mehren unser Leid durch negative Emotionen.

Unser Geist bestimmt unser Leben.

Haben wir Kummer oder Angst, verschließen wir uns egozentrisch in uns selbst. Unsere Aufmerksamkeit konzentriert sich auf unser Leiden, unser Unwohlsein, sodass es sich verstärkt. Gerade in solchen Momenten sollten wir uns bewusstmachen, dass wir unser Leid aktiv mehren, wenn wir belastende Emotionen und somit unsere Negativität fördern. Sind wir auf einen anderen Menschen wütend, können wir ein wenig Abstand zu unserer Wut halten, dann verschlimmert sich die Situation nicht. Denken wir aber im Gegenteil ständig an alle möglichen Ungerechtigkeiten, die uns angeblich widerfahren sind, an all die »Gemeinheiten«, die man uns angetan hat, nähren wir nur unseren Zorn und unsere Ressentiments, was uns nun wirklich nicht guttut. Der Buddhismus hält ein bewährtes Mittel gegen solche negativen Gefühle bereit. So können wir beispielsweise daran denken, dass wir wie alle anderen Wesen auch eine Buddhanatur besitzen und diese nur zum Ausdruck bringen müssen. Durch diesen Gedanken können wir die Vorstellung überwinden, nichts wert oder zu nichts nütze zu sein. Wir lernen, uns von dieser Illusion zu lösen und das großartige Potenzial zu schätzen, das in jedem von uns ruht. Und unser Blick wird frei für uns selbst und andere.

Depressiv zu sein ist ein extremer Geisteszustand:
Wir sollten alles tun, um dagegen anzugehen.

Niedergeschlagen oder depressiv zu sein gilt im Buddhismus als extrem unausgewogener Geisteszustand. Wir sollten alles tun, um ihm entgegenzuwirken. Hier kann es von Nutzen sein, wenn wir uns vergegenwärtigen, dass andere Menschen ähnliche Probleme haben wie wir selbst. Auch über die Buddhanatur zu meditieren, wie die meisten Tibeter es tun, ist sehr hilfreich. Dies ist sicher einer der Gründe, weshalb so etwas wie Selbsthass in der tibetischen Gesellschaft kaum vorkommt. Uns das Potenzial unseres Menschseins bewusst zu machen und zu erkennen, dass wir uns ändern können, gibt unserem Leben erst einen Sinn. Es stärkt unser Selbstvertrauen und unser Vertrauen ins Leben allgemein. Die innere Kraft, die uns daraus erwächst, versetzt uns in die Lage, uns Problemen zu stellen.

In meinen Augen haben Depressionen ihren Ursprung im Gefühl der Isolation, des Verlassenseins, das viele depressive Menschen empfinden. Verlieren Jungtiere in der Natur ihre Mutter oder ihre Herde, so verlässt sie ihr Überlebenswille und sie sterben. Sich einsam und ausgeschlossen zu fühlen wirkt auf uns Menschen ähnlich zerstörerisch. Gerade in dieser Situation aber sollten wir nicht vergessen, dass wir alle denselben Wunsch nach Glück teilen und dass wir voneinander abhängig sind. Wenn wir uns dies vollkommen bewusstmachen, erhalten wir neue Zuversicht und Sicherheit und es reißt jedes Einsamkeitsgefühl mit der Wurzel aus.

Die Depression ist eine endemische Krankheit der modernen Gesellschaft. Doch die Kognitionswissenschaft hat nachgewiesen, dass Meditation sich bei solchen Problemen ausgesprochen positiv auswirken kann. Natürlich gibt es keine hundertprozentige Garantie. Manchen Menschen, die von extrem negativen Gedanken beherrscht werden, gelingt es mithilfe der Meditation nicht, ihre schädlichen Gedankenkreisläufe zu durchbrechen. Wenn es zu viele innere Blockaden gibt, wenn die negativen Gedanken zu stark sind und die Betroffenen ungeduldig und nervös werden, dann ist es schwer zu meditieren. Unter solchen Umständen kann die Meditation eine Depression sogar noch verschlimmern und es ist besser, sich in Psychotherapie zu begeben und für einen bestimmten Zeitraum die Einnahme von Medikamenten in Betracht zu ziehen. Bei schweren Depressionen sollte man unter allen zur Verfügung stehenden Behandlungsmethoden eine kluge und zielführende Auswahl treffen.

Ein Suizid ist pure Gewalt.

Depressionen können zum Suizid führen.

In unserer Tradition ist das menschliche Leben das kostbarste Gut, das wir besitzen. Für einen Buddhisten hat eine Selbsttötung auch gar keinen Sinn. Sich das Leben zu nehmen und Problemen damit den Rücken zuzukehren ist kein gangbarer Weg, wenn man an die Wiedergeburt glaubt.

Ein Suizid ist ein äußerst gewaltsamer Akt, der karmisch gesehen zu weiterem Leid führt. Die meisten Menschen, die sich das Leben nehmen, empfinden einen tiefen Selbsthass. Im Buddhismus heißt es, dass ein Mensch, der sich selbst tötet, diese Tat während zahlloser Lebenszeiten wiederholen muss, da sie eine tiefe Spur in seinem Geist hinterlässt. Daher sollten wir alles tun, was in unserer Macht steht, um eine solche Tat zu verhindern.

Welchen Rat kann man einem Menschen geben, der unbedingt
sterben möchte? Das ist eine sehr schwierige Frage, vor allem,
wenn dieser Mensch keinen Halt in einer wie auch immer
gearteten spirituellen oder religiösen Praxis hat. Mit einem
Buddhisten würde ich über die Buddhanatur sprechen und
über das wunderbare Potenzial, das dem menschlichen Geist
und Körper innewohnt. Ich würde ihm all die Möglichkeiten
vor Augen führen, die sich ihm im Laufe seines Lebens noch
bieten könnten. Ich würde ihn an das Gesetz der Vergänglichkeit erinnern, demzufolge das, was uns heute schrecklich und
unlösbar erscheint, morgen schon weit weniger schlimm aussehen kann. Und ich würde dieser Person von den großen er-
leuchteten Buddhisten berichten, die ihrerseits zahllose Leiden
zu erdulden hatten, diese aber auf ihrem Weg zur Erleuchtung
positiv nutzten. Wichtig ist in jedem Fall, sich individuell auf
die Person einzustellen, mit der man spricht. Keinesfalls sollten
wir unser Leben unter dem Vorwand aufgeben, es sei sinnlos
oder unerträglich. Manche Menschen, die zu mir nach Dharamsala kommen, sind in einem extremen Zustand inneren
Leids gefangen. Häufig haben sie einen ihnen nahestehenden
Menschen verloren, haben Suizidversuche hinter sich oder
konnten den Freitod eines Freundes nicht verhindern. Andere
sind schwer krank. Alle erwarten ein Wunder von mir. Aber ich
bin auch nur ein Mensch und meist fühle ich mich ihrem Kummer gegenüber machtlos, vor allem, wenn ihre Erwartungen
völlig unrealistisch sind. Das Beste, was ich in diesem Fall tun
kann, ist, mein Herz für sie zu öffnen, mit ihnen zu sprechen,
mit ihnen zu beten, wenn sie gläubig sind, und sie zu begleiten,
um ihnen zu zeigen, dass ich ihren Schmerz verstehe. Wenn es
möglich ist, lade ich sie ein, mit mir zu meditieren.

Ängste zu überwinden
und neuen Lebensmut zu schöpfen ist möglich.

Die Meditation hilft, emotionale Probleme zu überwinden und aus der Sackgasse herauszufinden, in die eine Depression die Betroffenen geführt hat. Sie erlaubt, allmählich immer klarer zu sehen, Konzentration und Achtsamkeit zu entwickeln, sodass wir uns dessen bewusst werden, was in uns geschieht. Wir achten auf die Gedanken und Gefühle, die in uns hochkommen, und erkennen, welche Mechanismen dahinterstecken. Wir lernen unsere Denkmuster besser kennen und können sie dadurch relativieren. Wir lassen zu, dass sie in unserem Geist auftauchen und wieder verschwinden, ohne sie festzuhalten, wie wir es normalerweise tun, ganz so, als würden wir Wolken am Himmel betrachten. Auf diese Weise gelingt es uns besser, unsere eigene Situation und unser Verhältnis zu unserer Umwelt zu analysieren und auf andere Menschen mit Toleranz und Einfühlungsvermögen zuzugehen. Uns wird klar, dass wir alle eng miteinander verbunden sind und dass wir alle nach Glück streben. Auf diese Weise entsteht ein Gefühl der Nähe zu anderen, das wiederum auf unser Ego einwirkt und dessen gewohnte Muster aufbricht. Wir fühlen uns weniger allein, und unsere Ängste und Beklemmungen verlieren an Intensität. Unser Leiden nimmt ab. Regelmäßige Meditation, zum Beispiel über das Thema »Mitgefühl«, kann eine geradezu unvorstellbare Schutzwirkung für den Geist entfalten. Sie verbessert unsere Beziehungen zu anderen Menschen, weil wir durch sie innere Ruhe und eine gewisse Gelassenheit entwickeln. Diese Praxis hilft uns also, Ängste, Beziehungsprobleme und Depressionen zu überwinden und neuen Lebensmut zu schöpfen. Je mehr es uns gelingt, unseren Geist zu öffnen, desto besser geht es uns.

Die Zukunft liegt zum großen Teil in unseren Händen.

Wenn es möglich ist, versuche ich, Menschen, die psychisch leiden, zu einer aufmerksamen und ehrlichen Bestandsaufnahme zu motivieren. So können sie ihre Situation relativieren. Sie können eine Vorstellung von der Zukunft entwickeln und ihre Eigenverantwortung anhand der aktuellen Situation erkennen. Der Buddhismus lehrt das Gesetz des Karma, das Gesetz von Ursache und Wirkung. »Karma« bedeutet wörtlich »Handlung«. Dieses Gesetz, das so häufig falsch verstanden wird, besagt, dass jede Handlung – ob positiv oder negativ – früher oder später Auswirkungen auf unser Leben haben wird. Diese Wirkungen können auch erst in späteren Wiedergeburten zum Tragen kommen. Niemand kann wirklich sagen, ob das, was wir heute erleben, das Resultat von positivem oder negativem Karma ist. Daher kann auch niemand darüber urteilen. Andererseits besagt dieses Gesetz sehr deutlich, dass wir selbst dafür verantwortlich sind, wie wir leben. Natürlich neigen wir eher dazu, diese Verantwortung abzulehnen und den Ursprung unserer Probleme in der Außenwelt zu suchen. Es ist schließlich viel einfacher, sich auf diese Weise aus der Verantwortung zu stehlen. Doch die Wirklichkeit sieht anders aus, und eine solche Einstellung trägt nicht dazu bei, dass wir besser mit ihr fertig werden.

Aber es ist ebenso sinnlos, das Karma als unabänderliches Schicksal zu betrachten. Sehr häufig höre ich: »Ich leide so viel. Mir passieren immer ganz schreckliche Dinge. Ich habe einfach ein mieses Karma, da kann man nichts machen.« Diese Art zu denken mündet letztlich nur in Passivität. Auch hier stehlen wir uns aus der persönlichen Verantwortung, weil ja ohnehin alles Karma ist. Das ist ein ebenso falsches Verständnis dieses Prinzips, denn Karma bedeutet, dass wir Verantwortung übernehmen. Wir können unsere Zukunft zum großen Teil selbst bestimmen. Es ist unsere Aufgabe, künftig möglichst häufig Dinge zu tun, die positive Auswirkungen für unser Leben zeitigen. Wir haben die Macht, so zu handeln. Wir können dafür sorgen, dass die Resultate unseres Tuns Glück bringen. Richtig verstanden ist die Lehre vom Karma keineswegs deprimierend, sondern eine Quelle der Freude und des Vertrauens, da wir wissen, dass wir stets zum Besten unserer selbst und unserer Lieben handeln können.

Da Frauen pragmatisch veranlagt sind, verstehen sie meist instinktiv, was Karma und Verantwortung bedeuten, da sie es gewöhnt sind, das Glück ihrer Lieben an oberste Stelle zu setzen. Deswegen sind sie spontan auch mitfühlender als Männer und setzen sich für eine gewaltlose Welt ein. Daher bin ich der Meinung, sie sollten im politischen, sozialen und wirtschaftlichen Leben eine bedeutendere Rolle spielen, damit wir eine menschlichere, eine solidarischere Zukunft schaffen können.

Diki Tsering, die Mutter des Dalai Lama, spricht über ihren Sohn
Die zwei Monate vor der Geburt von Lhamo Dhondrub, der später der 14. Dalai Lama werden sollte, musste mein Mann im Bett verbringen. Sobald er sich erhob, bekam er Schwindelanfälle und verlor das Bewusstsein. Nachts aber konnte er nicht schlafen. Lhamo Dhondrub kam am frühen Morgen, noch vor Sonnenaufgang, zur Welt. Zu meiner großen Überraschung konnte mein Mann plötzlich aufstehen und sah aus, als wäre er nie krank gewesen. Ich sagte ihm, dass ich einen Jungen geboren hätte, und er antwortete mir, dass dies sicher kein gewöhnliches Kind sei und wir ihn vielleicht Mönch werden lassen sollten. Da

Chushi Rinpoche vom nahe gelegenen Kumbum-Kloster erst kürzlich verstorben war, hofften wir insgeheim, der Junge könne seine Wiedergeburt sein.

Und tatsächlich schien Lhamo Dhondrub schon von Geburt an anders als andere Kinder. Er war ein stiller Junge, der am liebsten allein zu Hause blieb. Er räumte ständig seine Kleider und seine paar Sachen auf. Als ich ihn einmal fragte, was er denn da mache, meinte er, er mache sich bereit, um nach Lhasa zu gehen und wir sollten auch alle mitkommen. Wenn wir Freunde oder Verwandte besuchten, trank er stets nur aus meiner Tasse, niemals aus einer anderen. Ich war der einzige Mensch, dem er erlaubte, sein Bett zu machen. Er schlief stets in meiner Nähe. Wenn er einen zänkischen Menschen traf, nahm er einen Stock und versuchte, ihn zu schlagen. Wenn einer unserer Gäste rauchte, wurde er sofort wütend. All unsere Freunde meinten, sie hätten aus einem unerfindlichen Grund Angst vor ihm, obwohl er noch so jung war. All das passierte, als er gerade mal ein Jahr alt war, er konnte kaum sprechen.

Eines Tages behauptete er, er sei vom Himmel gekommen. Damals hatte ich eine seltsame Vorahnung, denn ich hatte, etwa einen Monat vor seiner Geburt, einen eigenartigen Traum gehabt, in dem mir zwei grüne Schneelöwen und ein blauer Drache erschienen waren, die beide durch die Lüfte flogen. Sie hatten mich angelächelt und mich auf traditionell tibetische Weise gegrüßt: mit an die Stirn erhobenen gefalteten Händen. Später erklärte man mir, dass der Drache für Seine Heiligkeit stand und die beiden Schneelöwen für das Nechung-Orakel (das Staatsorakel Tibets), das dem Dalai Lama den Weg zu seiner Wiedergeburt wies. Nach diesem Traum wusste ich, dass mein Sohn ein großer Lama werden würde, aber in meinen kühnsten Träumen wäre mir nicht eingefallen, dass er der Dalai Lama sein könnte.

GLÜCK WURZELT NICHT IM BESITZ,
SONDERN IM GEIST!

Eure Heiligkeit,
ich möchte im Folgenden auf einige Fragen eingehen, die ich
in meinem ersten Brief nur kurz angesprochen habe. Fragen,
die typisch für unsere moderne Gesellschaft sind und sich wie
ein roter Faden durch unser Leben ziehen; Fragen, mit denen
sich jede Frau im 21. Jahrhundert Tag für Tag konfrontiert
sieht, auf die wir häufig aber keine klaren Antworten finden:
Welchen Stellenwert sollen wir dem Geld einräumen? Was
sind die Segnungen, was die Schattenseiten des Fortschritts?
Wie können wir Frauen im Beruf glücklich sein, ja, welche
Tätigkeiten sollen wir überhaupt ausüben? Noch immer sind
wir den Männern am Arbeitsplatz nicht gleichgestellt, doch
wenn wir frei und selbstbestimmt leben wollen, dann müssen
wir dies durchsetzen.

Ohne Geld können wir nicht leben, das ist jedoch
kein Grund, es zu unserem Lebensinhalt zu machen.

Die Annahme, Glück sei von materiellem Besitz abhängig,
ist typisch für eine Konsumgesellschaft. Frauenzeitschriften,
die Wellness-Bewegung, Modetrends und vieles andere mehr
verleiten die Konsumenten – die vor allem Konsumentinnen
sind – mehr zu kaufen, als für die Erfüllung ihrer Bedürfnisse
erforderlich wäre. Viele dieser Bedürfnisse sind ohnehin künst-
lich erzeugt – sie werden von Werbefachleuten erfunden, die
uns einreden, ihre Erfüllung würde uns glücklich machen.

Doch unser Glück hängt in erster Linie vom Zustand unseres Geistes ab. Um Glück zu erfahren, brauchen wir vor allem
einen ruhigen Geist und ein friedvolles Herz, dann körperliche
Gesundheit sowie gute Freunde und erst ganz zum Schluss materiellen Wohlstand. Dem Geld kommt in dieser Reihenfolge
also die geringste Bedeutung zu. Beim Umgang mit Geld zählen in erster Linie unsere Einstellung und unsere Absicht. Wir
können ohne Geld nicht leben, das ist jedoch kein Grund, es
zu unserem Lebensinhalt zu machen.

Es wäre kindisch zu glauben, dass Geld alle Probleme lösen
kann. Geld hilft uns weder, die positiven Aspekte des Lebens
zu erkennen, noch macht es uns empfänglich für die Schönheit
einer Blume, das Lachen eines Kindes oder den Gesang der
Vögel. Dazu sind wir nur in der Lage, wenn wir mit uns selbst
im Reinen sind, und das hängt keineswegs davon ab, welche

gesellschaftliche Stellung wir haben oder wie viel Geld wir besitzen.

Im Westen reden die Menschen ständig über Geld – als wäre es eine allmächtige Gottheit. Sie sind ganz besessen von der Frage, wie viel Geld sie verdienen. Viele glauben, dass sich Glück durch das Anhäufen von materiellem Besitz erreichen lässt, und verwenden darauf ihre ganze Energie. Darum sind so viele Menschen unglücklich und leiden an Depressionen, denn Liebe, Zärtlichkeit und Hingabe lassen sich nun einmal nicht kaufen. Der Buddhismus hat zahlreiche Methoden entwickelt, wie wir unseren Geist so verändern können, dass wir Glück erfahren. Geld kann uns kein dauerhaftes Glück schenken, es kann nur kurzfristig unsere materiellen Wünsche befriedigen. Wer sich nicht mit dem begnügen kann, was er besitzt, wird immer unzufrieden sein. Geld, Besitz und Ruhm sind keine Garantie für dauerhaftes Glück.

Ein Freund erzählte mir einmal, dass er in einem Hotel zu Gast war und jedes Mal, wenn er aus dem Schwimmbecken stieg, einen neuen Bademantel bekam – selbst dann, wenn er an einem Tag mehrmals zum Schwimmen ging. Ist das nicht paradox? So zu leben macht nicht glücklich. Dasselbe gilt für Frauen, die sich ständig neuen Schmuck kaufen müssen. Der Mensch hat nur zehn Finger, wie soll er da ein paar Dutzend Ringe anstecken?

Die tibetische Auffassung von Fortschritt unterscheidet sich erheblich von der des Westens.

Die Tibeter verstehen unter Fortschritt etwas ganz anderes als die Menschen im Westen. In westlichen Ländern ist er mit einem hohen Lebensstandard verknüpft, dennoch sind die Menschen dort nicht glücklicher. Innere Unruhe und Unzufriedenheit nehmen ständig zu. Wir müssen unsere Einstellung ändern, wenn wir heiter und gelassen sein wollen, sodass wir besser mit all den kleinen Sorgen des Alltags und unliebsamen Überraschungen umgehen können.

Die beste Art, seinen Reichtum zu verwenden,
ist, anderen Menschen zu helfen.

Geld an sich ist nichts Schlechtes, doch muss es besser verteilt werden. Am besten verwendet man seinen Reichtum dafür, andere Menschen zu unterstützen. Mir als Mönch zum Beispiel ist es verboten, Geld oder Gold in die Hand zu nehmen. Andererseits soll ein Mönch, der dem Pfad des Bodhisattva folgt, alles annehmen, was ihm zum Geschenk gemacht wird, damit derjenige, der ihm die Gabe überreicht, nicht enttäuscht ist. Ich handhabe das so, dass ich alles, was ich an Spenden erhalte, an Schulen oder karitative Einrichtungen weiterleite. Geld für Ausbildungszwecke auszugeben ist eine gute Sache. Die Zukunft unserer Welt liegt in den Händen unserer Kinder. Wir müssen sie dazu erziehen, Werte wie Mitgefühl und Großzügigkeit an oberste Stelle zu setzen und sich liebevoll und verantwortungsbewusst zu verhalten.

Geld zu besitzen ist eine wunderbare Möglichkeit, anderen zu helfen. Millionen von Menschen haben nicht einmal genug zum Überleben. In einigen Ländern wirft man Lebensmittel weg, während andernorts die Menschen verhungern. Das ist ebenso ungerecht wie unmoralisch.

Es ist gut, sich für einen sozialen Beruf zu entscheiden.

Die Art, wie wir unser Geld verdienen, ist von großer Bedeutung. So ist es gut, sich für einen Weg zu entscheiden, der einerseits zum Wohl der Gesellschaft beiträgt, andererseits aber auch die Möglichkeit bietet, die eigene innere Entwicklung zu fördern. Vor diesem Hintergrund ist es günstig, sich für einen Beruf mit sozialer Ausrichtung, zum Beispiel im Erziehungs- oder Gesundheitswesen, zu entscheiden.

Wenn wir uns innerlich verändern wollen, müssen wir uns nicht von der Welt lossagen und als Einsiedler leben. Entscheidend ist das, was wir für andere tun. Entscheidend ist, dass wir unseren Platz in der Gesellschaft haben und uns gleichzeitig in unserer Praxis üben. So sind wir am nützlichsten.

Unsere Arbeit kann zum Bestandteil
unserer spirituellen Praxis werden.

Generell lässt sich sagen, dass es in erster Linie darauf ankommt, den eigenen Geist umzuwandeln und zu lernen, sich am Glück der anderen zu erfreuen. Um dies zu erreichen, müssen wir alle negativen Gedanken und Gefühle, die in unserem Geist auftauchen, aufmerksam beobachten, damit wir nicht von ihnen beherrscht werden.

An unserem Arbeitsplatz werden wir oft mit schwierigen Situationen konfrontiert. Daher müssen wir uns immer wieder daran erinnern, dass der Hauptzweck unseres Handelns darin besteht, andere glücklich zu machen. Wir sollten stets aus einer Haltung des Wohlwollens heraus handeln, respektvoll und geduldig sein und den Menschen in unserem Umfeld mit Wärme und Mitgefühl begegnen. Der menschliche Faktor, also die Art, wie wir mit anderen umgehen – mit unseren Kollegen, unseren

Kunden, unserem Chef – ist von überragender Bedeutung. Wir müssen alles tun, was in unseren Kräften steht, um ein gutes Verhältnis zu den Menschen in unserem Umfeld aufzubauen. Das schenkt uns ein Gefühl innerer Zufriedenheit, sodass wir gerne zur Arbeit gehen. Das ist sehr wichtig.

Wenn wir mit anderen Menschen gut auskommen wollen, sollten wir auch nicht vergessen, dass alle Menschen in wechselseitiger Abhängigkeit miteinander verbunden sind. Das ist ein entscheidender Punkt. Wenn wir das verstehen, werden wir uns anderen gegenüber rücksichtsvoller verhalten. Haben wir es mit missgünstigen Kollegen oder einem schwierigen Chef zu tun, helfen Mitgefühl und Verständnis uns dabei, das Klima am Arbeitsplatz zu verbessern. So sind wir in der Lage, unseren Blickwinkel zu erweitern. Wir verstehen, dass das Verhalten unseres Gegenübers nichts mit uns zu tun hat, sondern von anderen Faktoren abhängt.

Die Fähigkeit, Schwierigkeiten und Herausforderungen am Arbeitsplatz zu meistern, hängt also ganz wesentlich vom Zustand unseres Geistes ab. Konfliktsituationen sind wunderbare Gelegenheiten, um sich in der Entwicklung menschlicher Qualitäten zu üben.

Annie Lennox, ehemalige Sängerin der Eurythmics, über den Dalai Lama
Der Dalai Lama war stets ein Fürsprecher des Friedens. Doch einige jüngere Tibeter, die den chinesischen Unterdrückern mit aktiver Gegenwehr begegnen möchten, haben enttäuscht auf seine konsequent pazifistische Haltung reagiert. Angesichts dieser Tatsache kann man die Behauptungen des chinesischen Staatsoberhauptes, der

Dalai Lama versuche, die Menschen zur Gewalt anzustacheln, nur als skandalös bezeichnen, auch wenn sie uns nicht überraschen. Seit der Dalai Lama im Exil lebt, hat er stets versucht, herzliche Bande zu Menschen, Ländern und Regierungen zu knüpfen, die Verständnis für die Lage der Tibeter und für ihren Wunsch nach Achtung ihrer Rechte, ihrer Kultur und spirituellen Praxis zeigen. Der Dalai Lama fordert ja nicht einmal die Unabhängigkeit Tibets. Sein Bestreben ist vielmehr, dass sein Volk in dem Land, das es bewohnt, autonom leben darf. Es gibt nur sehr wenige Menschen – Nelson Mandela gehört zum Beispiel dazu –, die wie der Dalai Lama über alle Länder und Kontinente hinweg eine solche Liebe und Wertschätzung erfahren. Die Augen der Welt sind auf Tibet gerichtet.

VON DER SEXUALITÄT ZUR
ZWEIERBEZIEHUNG – UND LIEBE

Eure Heiligkeit,
seit vielen Jahren führen die Biografien berühmter Menschen
die Bestsellerlisten an. Diese Art der Literatur nimmt heute
den Platz ein, den einst die Lebensbeschreibungen der Heili-
gen innehatten. Sie dienten als Leitbilder – zumindest solange
unsere religiösen Traditionen noch lebendig waren und die
Familie uns Schutz und Sicherheit bot.

Woran orientiert man sich aber, wenn Traditionen, Familie
und Religion ihre Bedeutung verloren haben? Zweifelsohne
hat dieses spirituelle Vakuum Menschen wie Mutter Teresa,
Schwester Emmanuelle, Abbé Pierre und Sie selbst, Eure Hei-
ligkeit, zu Vorbildern werden lassen. Leitbilder, die uns im
Chaos unserer alltäglichen Probleme mit dem, was sie tun oder
sagen, eine Richtung weisen.

Selbst in puncto Partnerschaft, Ehe und Familie suchen
wir Ihren Rat. In gewisser Weise ist dies natürlich ein Wider-
spruch, da Sie als Mönch ja zunächst einmal wenig mit Be-
ziehungsfragen zu tun haben. Doch angesichts unseres offen-
sichtlichen Bedürfnisses, Rat bei mütterlichen oder väterlichen
Leitfiguren zu suchen, verliert dieser Einwand an Bedeutung.

So kommt es, dass viele Frauen im Westen völlig verges-
sen, dass Sie in erster Linie Mönch sind, und Ihnen auf Ihren
Vortragsreisen immer wieder die eine Frage stellen, die ihnen
mehr am Herzen liegt als alles andere: Was muss ich tun, da-

mit meine Partnerschaft gelingt? Eine Frage, die Sie nicht im Mindesten aus der Ruhe bringt. Ihr mitfühlendes Wesen lässt Sie stets eine Antwort finden, die uns dabei hilft, das Projekt Partnerschaft auf eine gute Weise zu gestalten. Und was spielt es schon für eine Rolle, dass Sie ein Mönch sind und seit Ihrem sechsten Lebensjahr zur Enthaltsamkeit erzogen wurden – wir vertrauen Ihrem Rat vollkommen.

Sie erklären uns, dass im Buddhismus als Religion ohne Schöpfergott die Eigenverantwortung für unser Leben im Mittelpunkt steht. Und Sie weisen darauf hin, dass – dem Gesetz des Karma zufolge – jede positive wie negative Handlung früher oder später positive beziehungsweise negative Folgen hat.

Daher sollten wir nicht erst aus Schaden klug werden! Wenn wir in unseren Beziehungen Konflikte möglichst vermeiden wollen, sollten wir uns Gedanken machen, wie wir diese beiden Prinzipien in unserem Alltag umsetzen können. Schließlich wollen wir Gefühlen wie Zorn und Groll, hinter denen in erster Linie Stolz, Verletztheit und Eifersucht stecken, keinen Raum geben. Natürlich ist dies nicht ganz so einfach. In einer Zweierbeziehung kommen eigene Erwartungen und Projektionen häufig am deutlichsten zum Tragen. Wir wissen das und haben es oft genug selbst erfahren. Und doch tappen wir immer wieder in dieselbe Falle. In der Auseinandersetzung mit unserem Partner wird aus einer Mücke schnell ein Elefant, aus dem Funken einer Emotion rasch ein Flächenbrand. Wir reagieren dann nicht mehr wie erwachsene Männer oder Frauen, die eine neue emotionale Erfahrung machen, sondern wie kleine Jungen oder Mädchen, die ihre unverarbeiteten frühkindlichen Erfahrungen zum x-ten Mal durchleben. Haben sich bestimmte Beziehungsmuster erst einmal eingeschlichen, ist es dann nicht schon zu spät, daran zu arbeiten, Raum zwischen sich und den eigenen Reaktionen zu schaffen und sich von den eigenen Vorurteilen zu verabschieden, wie Sie uns dies lehren?

Aus den Gedanken, Vorstellungen, Emotionen und Hand-
lungen, in denen wir gefangen sind, können wir uns nur selbst
befreien. So weit, so gut. Doch wie finden wir diesen Weg in
der Partnerschaft?

Partnerschaft zu leben ist in der Konsumgesellschaft, in der
Egoismus und die Sucht nach Vergnügen Hand in Hand gehen,
zur großen Herausforderung geworden. Wegwerfbeziehungen
treten an die Stelle einer von Liebe und Zärtlichkeit geprägten
Partnerschaft. Doch ist dies nicht einfach eine logische Konse-
quenz, wenn so viele Menschen weder sich selbst noch anderen
vertrauen? Ist es unter diesen Umständen überhaupt noch mög-
lich, Eure Heiligkeit, wieder jenes Verantwortungsbewusstsein
zu entwickeln, von dem Sie in Bezug auf Ehe und Familie im-
mer wieder sprechen? Verantwortung zu übernehmen und für
andere da zu sein widerspricht der Zapper-Mentalität unserer
Ich-Gesellschaft. Wir wechseln einfach ständig weiter: von ei-
nem Konsumartikel zum nächsten, von einem Interesse, einem
Menschen zum nächsten. Wir konsumieren und entsorgen nach
Lust und Laune, ohne uns zu fragen, welche Konsequenzen
dieses Verhalten für andere und letztlich für uns selbst hat.
Unfähig, uns selbst in die Augen zu schauen, schlagen wir, bild-
lich gesprochen, unseren Gefühlen, unseren tiefer gehenden
Bedürfnissen die Tür vor der Nase zu. Wir drehen uns wie das
sprichwörtliche Fähnchen im Wind und wenden uns ständig
neuen Dingen zu, ohne zu begreifen, dass diese Flucht unseren
psychischen Leidensdruck und unsere Ängste nur verstärkt.

Wird bereits unser normales Leben von zahllosen Ängs-
ten beherrscht, so gilt das in noch viel höherem Maße für die
Partnerschaft, in der wir unser Sorgenkarussell vorzugsweise
kreisen lassen: Ich habe Angst, dass ich meinen Partner verlie-
ren könnte, dass er mich verlässt, dass er mich betrügt, dass er
lieber mit seinen Freunden zusammen ist, dass er mich nicht
genug liebt, Angst, Angst, Angst …

Angst ist Gift für die Zweierbeziehung. Sie lähmt und stößt das Paar unnachgiebig immer weiter Richtung Abgrund. Angst verhindert, dass wir uns mit uns selbst auseinandersetzen. Unter ihrer Knute wird der Partner zu unserem schlimmsten Albtraum. Jeder, der schon einmal eine Paarbeziehung hatte, kennt die Abwärtsspirale negativer Emotionen, die in der Angst ihren Ursprung hat. In einer solchen Situation sollten wir uns in Geduld und Toleranz üben und versuchen, den anderen wieder als Freund zu sehen, als jemanden, der unser Herz einmal höher schlagen ließ, bevor uns seine Gegenwart unerträglich wurde.

Den erforderlichen Mut können wir finden, wenn wir an die Tibeterinnen denken, die in chinesischen Gefängnissen gefoltert werden. Was sie berichten, zeigt uns, dass wir uns durchaus gegen das Leiden wappnen können. Dass wir den Höhen und Tiefen des Daseins mit mehr Gleichmut begegnen und jene Gelassenheit entwickeln können, die unsere Liebe selbst unter schwierigsten Umständen lebendig hält. Denn nichts und niemand kann diese innere Kraft zerstören, sobald wir sie einmal erlangt haben. Sie hängt allein vom Zustand unseres Geistes ab und nicht vom Wirbelsturm unserer Gefühle, nicht von äußeren Umständen oder anderen Menschen.

Bisweilen scheint die Zweierbeziehung uns eher daran zu hindern, einen stabilen Geist zu erlangen. Dennoch ist sie für jeden der beiden Partner eine günstige Gelegenheit für die unerlässliche Arbeit an sich selbst und bietet somit die Möglichkeit zur spirituellen Weiterentwicklung. Für eine wirkliche Begegnung mit dem Partner müssen wir negative Gefühle wie Groll, Hass, Wut und Eifersucht schnellstmöglich ablegen, denn sie können einer Beziehung den Todesstoß versetzen. Je schneller wir das gerade hier im Westen begreifen, umso besser, denn mittlerweile endet fast jede zweite Ehe mit einer Scheidung.

Ich bin nur ein einfacher Mönch.

Das Thema »Beziehung« scheint die Menschen im Westen stark zu beschäftigen. Man stellt mir diesbezüglich oft Fragen, doch ich bin nur ein einfacher Mönch, der in diesen Dingen keinerlei Erfahrung besitzt. Was ich an Rat geben kann, beruht auf dem, was ich über die Natur des Geistes und der Emotionen weiß. Die Gesetzmäßigkeiten, denen unser Geist und unsere Emotionen folgen, sind überall die gleichen. Wenn wir sie verstehen, können wir im Alltag mit anderen Menschen, also auch mit unserem Partner, auf harmonischere Weise zusammenleben.

Denken Sie über die grundlegende
Natur Ihrer Beziehungen nach.

Die Beziehungen, die Sie mit anderen Menschen eingehen, unterscheiden sich nicht wesentlich von der Beziehung, die Sie zu Ihrem Partner entwickeln. Ihre vorherrschende Motivation, Ihre Erwartungen, Ihre Ängste, die der Partnerschaft zugrunde liegen, geben ihr eine bestimmte Prägung und sind somit die Ursache der besonderen Probleme, die in dieser Beziehung auftreten.

Um diese Probleme zu lösen, sollten Sie zunächst über die grundlegenden Aspekte Ihrer Beziehungen im Allgemeinen nachdenken. Was Sie auf Ihren Partner projizieren, hängt ab von Ihrem Ego, Ihren Emotionen und den Erfahrungen, die Sie im Leben gemacht haben. Wenn Sie noch nicht genügend an sich selbst »gearbeitet« haben, dann bleiben die Ursachen für Spannungen und Missverständnisse weiterhin bestehen.

Ihre Beziehungen werden zum Teil von konfliktträchtigen Gefühlen bestimmt. Es heißt, man solle diese Gefühle nach Möglichkeit durch echte Liebe und echtes Mitgefühl, frei von Verlangen und Anhaftung, ersetzen. Sie sollten den anderen Menschen nicht als Person sehen, über die Sie Macht haben. Viele Eltern empfinden große Zuneigung gegenüber ihren Kindern. Diese Zuneigung ist jedoch häufig egoistischer Natur, sodass es vielfach zu Konflikten kommt, beispielsweise wenn die Kinder ins Teenageralter kommen. Kinder sind nicht das Eigentum ihrer Eltern. Dasselbe gilt auch für Paarbeziehungen: Ihr Partner gehört Ihnen nicht.

Beziehungen sind häufig stärker
von Anhaftung als von wahrer Liebe geprägt.

Wenn zwei Menschen eine Beziehung eingehen, geschieht dies häufig eher aus Gründen der Anhaftung denn aus wahrer Liebe. Oft basiert die Beziehung auf den Projektionen der beiden Partner, die aufgrund ihrer jeweiligen Bedürfnisse und Erwartungen eine gewisse Anziehungskraft aufeinander ausüben. Man liebt den Partner, um von ihm geliebt zu werden. Das ist allerdings keine echte Liebe. Ein gutes Beispiel dafür ist die sogenannte »romantische« Liebe. Das heftige Verlangen, das sie bewirkt, hat zur Folge, dass die Partner sich übermäßig auf die guten Eigenschaften des anderen konzentrieren. Sobald die Partner nicht mehr dem Bild entsprechen, das der andere sich von ihnen gemacht hat, stehen plötzlich nur noch ihre Fehler im Vordergrund.

Die kleinste Unstimmigkeit kann zu Wut, Abneigung, ja sogar Hass führen, was so weit gehen kann, dass man den Partner als Feind sieht. Die wechselseitigen Projektionen können sich rasch verändern, sodass die Anziehung nachlässt. In diesen Fällen gründete die Liebe der Partner nicht auf dem Wunsch, den anderen glücklich zu machen, sondern auf egoistischen Bedürfnissen, die jede vernünftige Einsicht verhindern.

Aus Anhaftung kann nie ein Gefühl
wahrer Zufriedenheit entstehen.

Nagarjuna[1] sagt: »Wenn wir ein Objekt begehren und bekommen, was wir uns wünschen, empfinden wir ein freudiges Gefühl. Es ist so, als verspürten wir einen Juckreiz und kratzten uns. Dies schafft zwar kurzfristig Wohlbehagen, doch wäre es weit besser für uns, wenn es erst gar nicht zum Juckreiz käme.«

Wenn wir ein Objekt, einen Menschen, eine Beziehung bekommen, die wir uns so heftig gewünscht haben, dann macht uns das zwar in gewisser Weise glücklich, doch wissen wir auch, dass wir noch viel glücklicher sein könnten, wenn wir frei wären von jeder Form der Anhaftung und der inneren Getriebenheit, die sie erzeugt, denn aus Anhaftung kann nie ein Gefühl wahrer Zufriedenheit entstehen. Um wirkliche Zufriedenheit zu erlangen, müssen wir uns von der Anhaftung lösen. Dies befreit uns von allen Ängsten und Sorgen.

---

1 Bedeutender indischer Philosoph, der maßgeblichen Einfluss auf eine der Hauptschulen des Buddhismus, den Mahayana, hatte und wahrscheinlich im zweiten Jahrhundert n. Chr. lebte.

Ohne echte Liebe und ehrliches Mitgefühl ist es schwer,
einen anderen Menschen wirklich zu akzeptieren.

Der Buddhismus lehrt, dass zwei einander entgegengesetzte Emotionen nicht gleichzeitig im Raum unseres Geistes existieren können. Wenn wir auf jemanden wütend sind oder ihn hassen, uns aber bemühen, dieser Person gegenüber liebende Güte zu entwickeln, werden alle negativen Gefühle ganz von selbst verschwinden.

Ohne echte Liebe und ehrliches Mitgefühl ist es schwer, einen anderen Menschen wirklich zu akzeptieren. Der Buddhismus lehrt ferner, dass »unsere Feinde unsere besten Lehrmeister sind. Sie lehren uns innere Stärke, Mut, Mitgefühl, Verständnis und Geduld.« Das habe ich mehr als einmal erlebt. Begreift man, was in einem gewalttätigen Menschen vorgeht, wird man ihm gegenüber weder Hass noch Zorn empfinden, sondern im Gegenteil großes Mitgefühl, da er innerlich leidet und nur deswegen so handelt.

Wenn ein Feind uns Mut, Geduld, Verständnis, ehrliches Mitgefühl und Liebe lehren kann, dann sollte es im Umgang mit unserem Partner erst recht – und mit weit weniger Anstrengung – möglich sein, diese Qualitäten zu entwickeln.

Echte Liebe und ehrliches Mitgefühl
sind unkompliziert und stark.

Echte Liebe und ehrliches Mitgefühl zu entwickeln setzt voraus, dass wir die Beziehung zu unserem Partner kritisch analysieren und uns darüber klar werden, was sie ausmacht. Dabei sollten wir nicht übersehen, dass eine Idealisierung der Liebe über kurz oder lang zu Beziehungsproblemen führen wird, weil Enttäuschungen dann unvermeidlich sind. Es besteht ein beträchtlicher Unterschied zwischen echter Liebe und ehrlichem Mitgefühl und einer Liebe, die auf falschen Vorstellungen oder Anhaftung beruht. Im letzteren Fall kommt es unweigerlich zu Problemen und die Beziehung läuft Gefahr zu scheitern.

Wahre Liebe und echtes Mitgefühl dagegen sind unkompliziert und stark. Was sie in erster Linie auszeichnet, ist emotionale Tiefe. Eine Beziehung, die darauf aufbaut, wird stabiler und zuverlässiger, heiterer und glücklicher sein.

Wahre Liebe beruht auf liebender Güte.

Wahre Liebe beruht nicht darauf, ob man einen Menschen schön oder sympathisch findet oder ob er einem viel bedeutet. Wahre Liebe beruht auf liebender Güte – einer grundlegenden Form von Güte, die man allen Wesen gleichermaßen entgegenbringt. Wenn das Herz eines Menschen von liebender Güte erfüllt ist, wird er sich nach Kräften bemühen, andere glücklich zu machen. Wir alle teilen den Wunsch, glücklich zu sein. Wenn wir uns dessen bewusst werden und die Rechtmäßigkeit dieses Wunsches akzeptieren, wird sich ein Gefühl der Nähe und Verbundenheit zu anderen einstellen. Unsere Projektionen lösen sich leichter auf. Dann gibt es für uns nicht mehr Freund oder Feind, sondern nur noch menschliche Wesen, die alle die gleichen Rechte und Hoffnungen haben. So entwickeln wir anderen gegenüber auf ganz natürliche Weise Verantwortungsbewusstsein und Respekt.

Wahre Liebe und echtes Mitgefühl sind untrennbar miteinander verknüpft und bedingen sich gegenseitig. Sie gehören zusammen wie die beiden Flügel, die nötig sind, damit ein Vogel richtig fliegen kann – sagt sinngemäß der große indische Meister Shantideva. Liebe und Mitgefühl sind stets das Ergebnis von Einsicht und Verständnis und weit mehr als bloße

Gemütswallungen. Sie nehmen jedes fühlende Wesen stets in seiner Ganzheit wahr.

Für eine Beziehung ist daher entscheidend, dass beide Partner sich aufrichtig bemühen, wahre Liebe und Mitgefühl zu entwickeln. Wenn die Partner, so gut sie können, in liebender Güte aufeinander zugehen und darauf achten, im Alltag die verschiedenen Formen der Anhaftung im Griff zu behalten, wird ihre Beziehung weniger krisenanfällig sein und vermutlich auch Bestand haben.

Die Bedeutung des sexuellen Verlangens in der buddhistischen Praxis

Was das sexuelle Verlangen in der buddhistischen Praxis angeht, gibt es eine Menge Vorurteile und Irrtümer. Das Vajrayana*, die tibetische Form des Buddhismus, die auch als »Weg des Tantra« bekannt ist, betrachtet das sexuelle Verlangen nicht unter dem Aspekt der Fortpflanzung oder Lust, sondern unter dem Aspekt der individuellen Befreiung, also des Erreichens von Nirwana*.

Vor diesem Hintergrund ist jede Form sexuellen Fehlverhaltens wie zum Beispiel Seitensprünge untersagt. Dies gilt für den Mann ebenso wie für die Frau.

Die Sexualität kann Teil der spirituellen Praxis sein.

Jeder praktizierende Buddhist sollte sich in seinem Sexualverhalten also an bestimmte Regeln halten. Besitzt er große Weisheit und großes Mitgefühl, dann kann er den Sexualakt zu einem Teil seiner spirituellen Praxis machen und ihn dazu benutzen, seine Energien in einer bestimmten Weise zu lenken.

Eine starke geistige Konzentration erlaubt es ihm, sehr subtile Bewusstseinsebenen zu erreichen.

Es handelt sich hierbei um eine eigenständige spirituelle Praxis, für die der Praktizierende gewisse Voraussetzungen erfüllen muss. Es kann ausgesprochen gefährlich sein, ohne Lehrer und entsprechende Anweisungen mit diesen Techniken zu experimentieren. Diese Form der Praxis zielt nicht auf Lustgewinn ab, sondern auf eine subtilere Wahrnehmung der Wirklichkeit und der Funktionsweise des Geistes.

Das Ziel tantrischer Übungen
besteht darin, wahre Einsicht zu erlangen.

Um die höchsten Bewusstseinsebenen zu erreichen, auf denen verwirklichte Wesen verweilen, müssen wir die gewöhnlichen Aktivitäten des Bewusstseins verringern und schließlich ganz zum Stillstand bringen. Damit wird der Fluss unserer inneren Energien radikal umgewandelt. Dies kann unter anderem mithilfe der Sexualität erreicht werden. Spezielle Konzentrationstechniken, die während des Sexualaktes angewendet werden, erlauben es geeigneten und sehr erfahrenen Praktizierenden, Fortschritte in ihrer spirituellen Entwicklung zu erzielen. Diese Praxis ist aus gutem Grund geheim und muss es auch bleiben. Einzelne Techniken wurden unglücklicherweise enthüllt, was dazu führte, dass bezüglich des Tantraweges und seiner Ziele mittlerweile allerlei falsche Ansichten herrschen. Worum es im Tantra am allerwenigsten geht, ist eine sexuelle Vereinigung auf der Ebene gewöhnlicher Bewusstseinszustände, um körperliche Lust zu erleben.

Im Tantra geht die sexuelle Vereinigung weit über den gewöhnlichen Geschlechtsakt hinaus. Es handelt sich dabei um eine spirituelle Praxis, die auf »reinem« Verhalten basiert.

Nur sehr erfahrene Yogis üben sich in dieser Praxis und das erst, wenn sie die Gelübde zur Erlangung individueller Befreiung abgelegt haben. Dafür ist eine intensive Vorbereitung erforderlich, die sich selten in einem einzigen Menschenleben abschließen lässt.

Die tantrischen Techniken wirken manchmal verwirrend, wenn man vergisst, dass sie auf die Erlangung wahrer Einsicht abzielen.

Die Einsicht in die Natur der Wirklichkeit, die große Yogis und Meister besitzen, hat nichts mit unserer gewöhnlichen Sichtweise gemein. Ihnen kann jedes Objekt, jede Erfahrung als Mittel zur spirituellen Entwicklung dienen. Durch ihre Meditation können sie sogar Alkohol oder Fleisch in reinen Nektar verwandeln. Es ist offensichtlich, dass gewöhnliche Menschen keinesfalls dazu in der Lage sind.

Darstellungen von Gottheiten in sexueller Vereinigung symbolisieren die Vereinigung der Gegensätze, die Beendigung von Konflikten und Leid.

Im Westen taucht immer wieder die Frage auf, warum es in der buddhistischen Kunst Mandala-Bilder gibt, die Gottheiten in sexueller Vereinigung zeigen. Ein Mandala ist eine symbolische Darstellung des Universums, der Welt dieser Gottheit. Darstellungen von Gottheiten in sexueller Vereinigung symbolisieren die Vereinigung der Gegensätze, die Beendigung von Konflikten und Leid sowie die Möglichkeit, höchste Verwirklichung zu erlangen, die zum Seinszustand eines Buddha führt. Diese Darstellungen haben also symbolischen und keinen erotischen Charakter.

Ein Buddha ist ein vollkommen erwachtes Wesen, das Allwissenheit besitzt. In diesem Zustand existiert keinerlei Verlangen mehr nach sexuellen Beziehungen. Das »Glück«, das die meisten Menschen bei der sexuellen Vereinigung erleben, ist nicht annähernd vergleichbar mit dem Glück, das ein Buddha dank seiner sich über viele Lebenszeiten erstreckenden Arbeit am Geist erfährt. Ein Buddha besitzt in sich selbst das höchste Glück.

Die Darstellung von Gottheiten in sexueller Vereinigung zeigt dem, der ein solches Mandala untersucht beziehungsweise darüber meditiert, Möglichkeiten und Wege auf, denselben Zustand vollkommener Glückseligkeit zu erreichen, den die Buddhas erleben. Der andere, der Gefährte beziehungsweise die Gefährtin, ist ein Teil unserer selbst. Das ist allerdings nur ein Aspekt von vielen, eine Möglichkeit, die uns im Mandala aufgezeigt wird.

Nach dem gleichen Prinzip können wir beispielsweise über eine sogenannte »zornvolle« Gottheit meditieren, um mehr Mut und Entschlossenheit zu entwickeln. Wenn wir dagegen über eine »friedvolle« Gottheit wie Tara, das personifizierte Mitgefühl, meditieren, können wir deren Qualitäten in uns wecken.

Diese verschiedenen Meditationstechniken erlauben es uns, die Energie unserer »verwirrten« Emotionen, die etwa auf sexueller Begierde, Hass und Zorn basieren, zu kanalisieren und sie so zu lenken, dass wir sie für unseren Fortschritt auf dem Weg einsetzen können. Der Sinn von Mandalas ist weder, dem Praktizierenden Angst zu machen, noch seine Begierden anzustacheln. Vielmehr sollen sie ihm eine Grundlage für eine »Bildmeditation« liefern.

Wir müssen über die Natur des Verlangens nachdenken.

Eine gesunde und für beide Seiten förderliche Beziehung kann natürlich auch eine sexuelle Komponente haben. Das damit verbundene Verlangen kann sich zum Guten oder zum Schlechten hin auswirken. So kann es sich als unstillbar erweisen oder Fantasien auslösen, die nichts mit der Realität zu tun haben. Dann nimmt es den Charakter einer irrationalen Leidenschaft an und wird zur Ursache zahlreicher Leiden. Doch das Verlangen lässt sich auch mithilfe der Vernunft lenken. In diesem Fall wirkt es sich sehr viel positiver aus. Man sollte in einer Beziehung von Anfang an über die Natur des Verlangens nachdenken, will man größere Enttäuschungen vermeiden.

Beruht eine Partnerschaft ausschließlich
auf sexuellem Verlangen und dessen Befriedigung,
wird diese Beziehung wahrscheinlich wenig dauerhaft sein.

Sexuelles Verlangen sucht seine Befriedigung stets darin, dass es den anderen in Besitz nimmt. Es verliert daher schnell an Intensität beziehungsweise erlischt vollständig, sobald der Partner für uns an Reiz verliert. Die anfängliche Erregung weicht und macht einem gegenseitigen Befremden Platz. Man sieht, was für ein Mensch der andere tatsächlich ist, während einem zuvor das Verlangen den Blick verklärt hat. Dies ist die Quelle zahlreicher Streitigkeiten und Scheidungen.

Wenn eine Partnerschaft ausschließlich auf sexuellem Verlangen und dessen Befriedigung beruht, wird diese Beziehung daher wahrscheinlich wenig dauerhaft sein. Doch wenn das sexuelle Verlangen sehr groß ist, übersieht man diese Tatsache gern und vergisst, dass der »andere« einen nicht glücklich machen kann. Zwar weiß man das im Innersten, doch setzt man sich darüber hinweg. Früher oder später wird man von der Realität eingeholt, aber dann ist es vielfach schon zu spät, um noch etwas zu ändern. Leidenschaft und Begehren können ebenso wie Hass und Zorn vollständig von einem Menschen Besitz ergreifen, sodass er seine geistige Gesundheit einbüßt und viele verkehrte Dinge tut.

Jede stabile Beziehung gründet auf gleichberechtigter Kommunikation.

Jede stabile und dauerhafte Beziehung gründet auf echter und gleichberechtigter Kommunikation. Die sexuelle Anziehung spielt nicht die wichtigste Rolle. Güte, Freundlichkeit, Sanftmut, Selbstlosigkeit und Verantwortungsbewusstsein schmieden ein starkes Band zwischen den Partnern, sodass sie sich schätzen und einander vertrauen. Sie begegnen sich mit Respekt, Verständnis und Geduld. Ihre Beziehung ruht auf dem Fundament beiderseitigen Verantwortungsbewusstseins und Engagements.

Frauen und Männer, die heiraten möchten, sollten sich zuvor gründlich kennenlernen.

Die Bereitschaft, Verantwortung zu übernehmen und sich um den anderen zu kümmern, ist eine notwendige Voraussetzung für eine Heirat. Doch zwei Menschen, die sich binden und eine Familie gründen wollen, sollten nicht überstürzt handeln. Bevor sie einen endgültigen Entschluss fassen, sollten sie sich mehrere Jahre Zeit nehmen. So lernen sie nicht nur die Oberfläche des anderen kennen, sondern sein tieferes Wesen. Ohne ein solches Kennenlernen ist es schwierig, die nötige Toleranz und genug Mitgefühl zu entwickeln, damit dieses Vorhaben gelingen kann.

Kinder in die Welt zu setzen
zieht eine große Verantwortung nach sich.

Die Partner sollten bereit sein, Verantwortung für die Kinder zu übernehmen, die aus ihrer Verbindung hervorgehen. Rein biologisch betrachtet, dient die sexuelle Vereinigung der Zeugung von Nachwuchs, daher muss man mit der Geburt von Kindern rechnen. Der Entschluss, Kinder in die Welt zu setzen, zieht eine große Verantwortung nach sich. Daher sollten beide Elternteile ihn nur nach gemeinsamer reiflicher Überlegung treffen. Diese Entscheidung wird ihr Leben und ihre Partnerschaft von Grund auf verändern. Die Beziehung zwischen den Eltern wirkt sich auch auf die Fähigkeit der Kinder aus, glücklich zu sein und auf andere zuzugehen. Die Liebe, die Eltern ihren Kindern schenken, ist dabei ganz entscheidend. Ein Kind, das nicht genügend Liebe bekommt, wird als Erwachsener immer ängstlich und unsicher sein und Schwierigkeiten haben, Bindungen einzugehen.

Ein Kind nur materiell abzusichern reicht nicht aus, damit es Selbstvertrauen entwickelt. Soll es glücklich, ausgeglichen und voller Zuversicht heranwachsen, soll es das Leben als kostbares Gut sehen, müssen die Eltern für das Kind da sein, es begleiten und ihm Zuwendung und Liebe zuteilwerden lassen. Das ist absolut unverzichtbar.

Wenn ein Paar Kinder hat, muss es
alles tun, um eine Scheidung zu vermeiden.

Viele Kinder werden von ihren Eltern vernachlässigt oder ab-
geschoben, vor allem, wenn diese sich trennen und scheiden
lassen. Als Erwachsene erleben manche dieser Kinder eine so
tiefe Verzweiflung, dass sie daran denken, sich das Leben zu
nehmen oder diesen tragischen Schritt sogar tun. Sie sind viel
zu unglücklich, um das Leben noch zu schätzen. Ihr Dasein
erscheint ihnen sinnlos, weil sich nie jemand um sie gekümmert hat.

Wenn ein Paar Kinder hat, muss es daher alles tun, um
eine Scheidung zu vermeiden. Aus ethischer Sicht ist es kaum
vertretbar, sich zu trennen, wenn man zuvor beschlossen hat,
miteinander Kinder zu haben. Persönliche Bedürfnisse sollten
hier in den Hintergrund treten. Eltern haben ihren Kindern
gegenüber eine große moralische Verantwortung. Wenn die
Eltern sich streiten oder auseinandergehen, leiden die Kinder
sehr darunter, egal, wie alt sie sind. Das Beziehungsmodell
ihrer Eltern vermittelt ihnen in diesem Fall kein Gefühl von
Glück oder Sicherheit. Das hinterlässt im Unterbewusstsein
eine höchst schmerzliche Prägung, die ihr ganzes weiteres Leben bestimmt. Die Partner sollten sich daher mit einer Heirat
Zeit lassen, damit ihre Beziehung glücklich verläuft.

Wenn wir uns bereiterklären, die Beziehung als Möglichkeit
zu sehen, grundlegende menschliche Qualitäten zu fördern,
wird sie zu einem echten spirituellen Weg. Dann können wir
innerhalb der Partnerschaft Mut und innere Stärke entwickeln.
Wir alle sind dazu in der Lage, sobald wir fest entschlossen
sind, diesen Lernprozess erfolgreich zu meistern.

Jetsün Pema, die Schwester des Dalai Lama, über ihren Bruder

Ich sehe in ihm viel mehr den geistigen Lehrer als einen Bruder, allein schon deshalb, weil er mich so vieles gelehrt hat. Sicher spielt es auch eine Rolle, dass Seine Heiligkeit nicht zusammen mit uns anderen aufgewachsen ist, als wir Kinder waren. Er lebte ja im Potala, im Palast der Dalai Lamas in Lhasa. Ich habe ihn nicht als Bruder im gewöhnlichen Sinn erlebt. Er war der Dalai Lama, und ich habe mich vor ihm auf den Boden geworfen.

Seitdem ist vieles anders geworden. Seit wir im Exil leben, ist Seine Heiligkeit sowohl für seine Familie als auch für sein Volk zugänglicher geworden. Er selbst hat aus eigenem Antrieb das umfangreiche Protokoll für den Umgang mit dem Dalai Lama abgeschafft. Die Tibeter lieben ihn dafür umso mehr. Ich empfinde ihm gegenüber eine sehr große Hingabe und habe den Wunsch, ihm zu dienen. Und wie könnte ich das besser tun, als mich um Kinder zu kümmern, die, wie er sagt, das Kostbarste sind, was wir haben?

Die älteren Tibeter weinen, wenn sie den Namen des Dalai Lama aussprechen oder nur an ihn denken. Sie lieben ihn und fühlen sich ihm sehr stark verbunden. Sie empfinden ihm gegenüber eine grenzenlose Dankbarkeit, da sie ihn als Beschützer in diesem und allen künftigen Leben sehen. Sie weinen aus dankbarer Hingabe.

Es heißt, der Dalai Lama und die Tibeter seien so untrennbar miteinander verbunden wie die fünf Finger einer Hand. Als die Tibeter erfuhren, dass dem Dalai Lama die Flucht aus dem besetzten Tibet nach Indien gelungen war, waren sie darüber tief beglückt. Sein Schicksal war ihnen wichtiger als ihr eigenes, obwohl sie von den Chinesen damals wie heute viele Grausamkeiten zu erdulden haben. Als ich 1980 mit einer Studienkommission nach Tibet reiste, haben mir die Tibeter immer wieder gesagt, dass der Dalai Lama keinesfalls zurückkehren dürfe, solange die chinesische Besatzung andauere!

Die Präsenz des Dalai Lama eint die tibetische Exilgemeinde in Harmonie. Tausende Tibeter haben ihr Leben riskiert, um in seiner Nähe zu sein. Über drei Generationen hinweg ist es den Chinesen nicht gelungen, in den Herzen der Tibeter die Liebe und Verehrung auszulöschen, die sie für ihn empfinden. Auch heute noch trennen Eltern sich von ihren – häufig noch kleinen – Kindern und lassen diese den gefährlichen Weg über den Himalaja antreten, damit sie in der Nähe des Dalai Lama aufwachsen können.

Eure Heiligkeit,
seit 1960 sind Sie weltweit wohl der bekannteste Mönch.
Zweifelsohne lachen Sie am meisten und tragen die farben-
prächtigsten Roben. Sie sagen stets laut und unmissverständ-
lich, was viele denken. Gleichzeitig vermitteln Ihre Worte
immer ein tiefes Verständnis für Ihre Mitmenschen. Dieser
scheinbare Widerspruch fasziniert vor allem uns Frauen, be-
sonders wenn Sie über eines Ihrer Lieblingsthemen, die Her-
zenswärme, sprechen. Oder wenn Sie Ihre Ausführungen – fast
als wollten Sie sich entschuldigen – mit jenem herzlichen La-
chen unterstreichen, das Ihren ganzen Körper einige Sekunden
lang erbeben lässt.

Herzenswärme! In unserer Hyper-Informationsgesellschaft,
die die Menschen mehr denn je voneinander isoliert, ist dies
ein Tabuthema. Uns »seelisch Behinderten« mangelt es heut-
zutage ganz entschieden an diesem zwischenmenschlichen »In-
strument«, da wir Angst haben, uns anderen gegenüber zu
öffnen. Sie gehen mit der für Sie typischen Herzlichkeit und
inneren Freiheit an dieses heikle Thema heran, das man in
unseren Breiten nicht gerne anschneidet. Herzenswärme und
Zuneigung zu empfinden und zum Ausdruck zu bringen ist für
uns Menschen lebenswichtig. Das betonen Sie immer wieder,
um uns aufzurütteln und uns einzuladen, unseren Panzer zu
durchbrechen. Es stört Sie nicht, dass manche Ihrer männ-
lichen Zuhörer Ihre Meinung vielleicht nicht teilen. Es stört

Sie auch nicht, wenn hin und wieder ein Macho – der in Wirklichkeit vielleicht sogar besonders sensibel ist – murrt, das sei doch alles nur »Weiber- und Esoterikkram«.

Die Mütter unter Ihren Zuhörern hängen Ihnen in diesen Momenten jedoch voller Achtung an den Lippen. Sie wissen, wie wichtig die Zuwendung für ein Baby ist, damit es voller Vertrauen heranwachsen kann. Und zwar vom Tag der Empfängnis an, der nach buddhistischer Auffassung der Beginn des Lebens ist! Während der Schwangerschaft nährt die Mutter das Ungeborene nicht nur mit ihrem Blut, sondern auch mit ihrer Liebe. Und wenn sie ihr Kind später stillt, nährt sie es ebenfalls nicht nur mit Muttermilch, sondern überdies mit Liebe.

Normalerweise empfinden Mütter für ihre Kinder spontan ein Gefühl der Zuneigung. Dieses Gefühl ist uns Menschen angeboren und ermöglicht unser Überleben. Wenn die Kinder älter werden, scheuen sich manche Frauen, dieser natürlichen Regung nachzugeben, weil sie befürchten, die Kinder könnten das als Zeichen von Schwäche oder mangelnder Autorität verstehen. Sicher braucht ein Kleinkind klare Grenzen, doch diese sollten ihm liebevoll aufgezeigt werden. Auch das Kind spürt diese Notwendigkeit instinktiv.

In der Mutter-Kind-Beziehung gibt es ein breites Spektrum an Emotionen, die überall auf der Welt gleich sind. Unter normalen Umständen ist das Band der Liebe zwischen einer Mutter und ihrem Kind stark, verlässlich und an keinerlei Bedingungen geknüpft. Das Kind fühlt sich behütet und als Mensch vollkommen angenommen. Die liebevolle Hinwendung ist für die Mutter eine Quelle der Erfüllung und Dankbarkeit.

Im Laufe der Jahre lernen Mutter und Kind einiges voneinander. Sie bringt ihm bei, aufrecht zu gehen, zu lieben, zu nehmen und zu geben, also ein Mensch zu werden. Das Kind wiederum fordert seine Mutter auf vielen Ebenen, sodass sie sich weiterentwickeln, sich hinterfragen und als Mensch wach-

sen muss. Nicht allen Frauen gelingt das. Sie erleben die Veränderungen, die von ihnen gefordert werden, als schmerzlich und bleiben in gewisser Weise hinter der Entwicklung ihres Kindes zurück.

Mütter müssen sich auf ihre Kinder einstellen und nicht umgekehrt. Nur so können sie ihre Kinder wirklich verstehen, an ihrer Welt teilhaben und ihre Sprache sprechen – eine Sprache, die sich mit jedem neuen Abschnitt im Leben des Kindes ändert. Eine Sprache, die sie kennen müssen, wenn sie ihr Kind weiterhin verstehen wollen, wenn sie wissen wollen, was ihr Kind denkt und warum es so denkt. Das ist sicher mühsam, doch auf der anderen Seite ist es auch eine spannende Bereicherung. Zumindest bis zu dem Zeitpunkt, da aus ihrem Kleinen ein Teenager wird. Dann freilich laufen die Dinge bisweilen aus dem Ruder. Doch mit Adoleszenzkrisen verhält es sich letztlich wie mit Akne: Die Natur schüttet ihre Hormongaben nicht ständig im selben Maß über die Jugendlichen aus und die akuten Wachstumsschübe und -krisen zerren mit unterschiedlicher Heftigkeit an den mütterlichen Nerven. Manche Mütter wollen einfach auch nicht wahrhaben, dass ihre lieben Kleinen plötzlich erwachsen werden, ebenso wenig wie sie wahrhaben wollen, dass das Alter allmählich an ihre eigene Tür klopft. Das kann für manche ein ziemlicher Schock sein.

Eure Heiligkeit, Sie sprechen oft zu uns über das Leid, das Alter und Veränderung mit sich bringen. Sie wissen, wie sehr wir Frauen im Westen uns vor Falten fürchten und welche Feldzüge wir dagegen führen. Sie scherzen gern darüber, wie viel Geld wir für Cremes ausgeben, die das Unvermeidliche angeblich verhindern sollen! Ein schallendes Lachen begleitet dann regelmäßig Ihre Worte, da Sie das Ganze – gelinde gesagt – wohl ziemlich verrückt finden … Auf diese Weise möchten Sie uns zu verstehen geben, dass wir weder der Vergänglichkeit noch dem Ende unserer Existenz, dem Tod, entkommen können. Auch dies ist ein Thema, das Sie häufig ansprechen. Ein Kind zu verlieren ist für eine Mutter das Schlimmste, was sie sich vorstellen kann. Wir sind auf so etwas nicht vorbereitet. Die Menschen im Westen haben Angst vor dem Tod. Wir schieben ihn weg und weigern uns, uns damit auseinanderzusetzen. Doch damit verschließen wir uns auch einem Teil der Wirklichkeit, ohne die unser Leben oberflächlich und bedeutungslos ist. In den Ländern Asiens ist der Tod eine allgegenwärtige Tatsache. Man sieht in ihm einen Übergang, auf den man sich entsprechend vorbereitet, um unter günstigen Bedingungen wiedergeboren zu werden.

Der Glaube an die Wiedergeburt kann einer Mutter, die ihr Kind verloren hat, Kraft zum Weiterleben geben. Trotzdem ist der Verlust eines Kindes die schlimmste Erfahrung, die Eltern machen können. Welchen Beistand kann der Buddhismus in einer solchen Situation bieten? Wie schaffen wir es, das Leid zu akzeptieren, das durch Veränderung entsteht?

Veränderungen begleiten unser ganzes Leben. Das ist eine unausweichliche Tatsache. Wir können sie schon früh unseren Kindern vermitteln, sobald sie alt genug sind, das Prinzip der Vergänglichkeit sowie der wechselseitigen Abhängigkeit zu verstehen. So lernen sie eher, jeden Augenblick des Lebens zu schätzen. Sie werden sich weniger allein fühlen und sie werden sich bemühen, achtsam mit der Erde umzugehen. All das wird ihrem Leben Sinn verleihen.

Daher sollten wir unsere Kinder lehren, wie sich der Geist umwandeln lässt, und ihnen grundlegende menschliche Werte vermitteln. Dies ist Aufgabe der Mütter. Sie sollten ihren Kindern schon von klein auf helfen zu begreifen, dass alle Wesen sich wie sie vom Leiden befreien möchten und dass man ihnen durch Großzügigkeit und das Vermeiden schädlicher Handlungen dabei helfen kann. Dies ist die beste Art und Weise, sein eigenes Herz zu öffnen.

Es liegt in unserer Verantwortung als Mütter, unseren Kindern ein solches Verhalten näherzubringen, damit sie lernen, ihrer angeborenen Herzensgüte zu vertrauen und glücklich zu sein.

Wir können nur dank der Liebe
und des Mitgefühls unserer Mütter überleben.

Vom ersten Augenblick unserer Existenz an können wir nur
dank der Liebe und des Mitgefühls unserer Mütter überleben.
Daher muss alles getan werden, um für schwangere Frauen ein
friedliches, sorgenfreies Umfeld zu schaffen, in dem sie sich
ganz auf das Wohlergehen des Kindes konzentrieren können.
Der Fötus kann sich nur dann harmonisch und frei von negativen Einflüssen entwickeln, wenn die Mutter glücklich und
unbeschwert ist. Aus buddhistischer Sicht sind das die idealen
Bedingungen für eine Schwangerschaft und mittlerweile schlie-
ßen sich immer mehr westliche Ärzte dieser Ansicht an. Medizinische Studien belegen, dass der Fötus intensiv miterlebt,
was in seiner Mutter vorgeht. Ferner hat sich auch gezeigt, dass
der Fötus auf die Stimme seiner Mutter anders reagiert als auf
die Stimmen anderer Menschen beziehungsweise auf Musik
oder Stille.

Zwischen Mutter und Kind besteht eine enge Bindung.

Zwischen Mutter und Kind besteht eine enge Beziehung, ein
Band gegenseitiger inniger Liebe, das eine tiefe Verbindung
zwischen diesen beiden Menschen schafft. Das Gefühl der Zuneigung sowie der tiefen Verbundenheit sind eng miteinander

verknüpft, das eine ist ohne das andere nicht möglich. Diese Verbindung ist bereits sehr stark, während sich das Kind im Mutterleib befindet, und vertieft sich – zumindest unter normalen Umständen – nach der Geburt noch, vor allem, wenn die Mutter das Neugeborene stillt. Aus diesem Grund sollten Frauen ihren Kindern nach Möglichkeit die Brust geben. Das Stillen ist ein wichtiger symbolischer Akt, der das ganze Ausmaß der mütterlichen Liebe zum Ausdruck bringt und Mutter und Kind auf natürliche Weise zusammenschweißt. Ein neugeborenes Kind zu stillen schafft eine ganz besondere Verbundenheit.

Liebe ist ein Lebensmittel im wahrsten Sinn des Wortes.

Wissenschaftliche Untersuchungen haben gezeigt, dass die ersten Wochen nach der Geburt für die Entwicklung des kindlichen Gehirns eine entscheidende Rolle spielen. Dieser Entwicklungsprozess wird unterstützt, wenn die Mutter viel Körperkontakt mit ihrem Kind hat und auch sonst liebevoll und zärtlich mit ihm umgeht. Wir brauchen also körperliche Zuwendung, damit wir wachsen und uns normal entwickeln können. Kein Kind kann überleben, wenn es nicht liebevoll umsorgt wird. Liebe ist also im wahrsten Sinn des Wortes ein Lebensmittel.

Eine Mutter empfindet ihrem Kind gegenüber grenzenloses Mitgefühl – zumindest unter normalen Umständen –, sie liebt es bedingungslos und ohne Erwartung irgendwelcher Gegenleistungen. Sie übernimmt die volle Verantwortung für ihr Kind und tut alles, was in ihrer Macht steht, um für sein Wohlergehen und Glück zu sorgen. Dieser Aufgabe widmet sie sich mit ganzem Herzen. Sie weiß, dass ihr Kind ohne ihre Aufmerksamkeit und Fürsorge nicht überleben kann, dass es diese braucht, um vertrauensvoll und ohne Angst heranzuwachsen.

Sind wir selbst geliebt worden,
können wir auch andere lieben.

Ein Kind braucht Liebe und Fürsorge, um zu überleben und sich gut zu entwickeln. Daher ist es sehr betrüblich, dass heute so viele Kinder in Heimen aufwachsen. Die meisten erhalten zu wenig Zuwendung und haben weder ins Leben noch in andere Menschen noch in sich selbst Vertrauen. Wenn man als Kind nicht genug Liebe bekommt, ist es schwer, sich selbst und andere zu lieben. Sind wir selbst aber geliebt worden, können wir auch andere lieben. Da die meisten von uns als Kind diesbezüglich positive Erfahrungen gemacht haben, können wir uns davon inspirieren lassen, um Menschen, die uns nahestehen, mit Liebe, Mitgefühl, Herzenswärme und Güte zu begegnen. Mit der Zeit können wir dann auch Personen miteinbeziehen, denen wir uns zunächst weniger verbunden fühlen. Wir erweitern sozusagen unseren Aktionsradius und dehnen unsere Haltung auf eine immer größere Zahl von Personen aus, bis wir nach und nach allen Menschen mit derselben freudigen Anteilnahme begegnen. Das ist es, was wir von der Mutterliebe lernen können.

Liebe, Verständnis, Nachsicht und Achtung dem anderen gegenüber sind die Fundamente jeder Ethik, sei es im familiären oder gesellschaftlichen Bereich. Auf familiärer Ebene hat auch die Anhaftung eine gewisse Daseinsberechtigung, denn sie schafft ein Gefühl der Zusammengehörigkeit zwischen den einzelnen Familienmitgliedern und spielt somit eine wichtige Rolle für das Überleben der Kinder. Das Gefühl der Anhaftung löst beim Kind zwar manchmal Wut oder Eifersucht aus, doch das ist nicht weiter tragisch. Wenn das Kind älter wird, werden die Erwachsenen es lehren, Werte wie Mitgefühl und Nächstenliebe zu fördern und negative in positive Emotionen umzuwandeln.

Mutterliebe ist nicht einfach das Ergebnis blinder, leidenschaftlicher Anhaftung. Ist sie angemessen und ausgewogen, kommt sie wahrem Mitgefühl sehr nahe, das von jeder Anhaftung frei ist.

Das Gefühl der Anhaftung, das Eltern gegenüber ihrem Kind empfinden, wird mitunter harten Belastungsproben unterzogen und kann zur Ursache von Leid werden. Dies gilt vor allem, wenn das Kind erkrankt und seine Heilungsaussichten gering sind. Mit solchen Erfahrungen fertigzuwerden, ist sehr schwer, besonders wenn das Kind tatsächlich stirbt. Sind die Eltern gläubig, empfehle ich ihnen, dass sie in ihrer Religion Trost und Beistand suchen, damit sie über ihren Schmerz hinwegkommen. Sind die Eltern Buddhisten, liegt es nahe, dass sie über Karma, also das Gesetz von Ursache und Wirkung, nachdenken. Auch der Glaube an die Wiedergeburt kann hilfreich sein, denn dann wissen die Eltern, dass ihr Kind wieder zur Welt kommen wird. Glauben die Eltern an einen Schöpfergott, so können sie sich damit trösten, dass der Tod ihres Kindes Gottes Wille war. Ihr Glaube an Gott wird ihren Schmerz lindern.

Menschen reagieren sehr verschieden auf leidvolle Erfahrungen. Es hängt von ihren Überzeugungen sowie von ihrer Einstellung dem Leben gegenüber ab. Der Verlust eines Kindes beziehungsweise eines uns nahestehenden Menschen löst immer viel Leid, Angst und Trauer aus, manchmal auch Wut, weil man den Verlust als ungerecht empfindet. Manche Menschen werden so stark von diesen Gefühlen beherrscht, dass sie depressiv werden. Starke Trauergefühle können einen Menschen krank machen, doch es ist sinnlos, sich deswegen Vorwürfe zu machen, denn solche Gefühle sind nun einmal normal.

Wir sollten jedoch darauf achtgeben, dass die Trauerphase sich nicht zu lange hinzieht und wir uns völlig vom Kummer beherrschen lassen. Wenn unsere Gedanken nur noch um uns selbst und das Leid kreisen, das wir erfahren haben, so ist dies letztlich auch eine Form von Egozentrik. Um nicht in Selbstmitleid und Depressionen zu versinken, sollten wir uns vergegenwärtigen, dass andere Menschen ähnlich leidvolle – wenn nicht sogar schlimmere – Erfahrungen durchmachen wie wir. Das kann uns helfen, uns weniger einsam und verlassen zu fühlen.

Eine Geschichte aus dem Leben des Buddha, die Eltern helfen kann, über den Verlust eines Kindes hinwegzukommen.

Wenn ich gefragt werde, wie man auf den Verlust eines Kindes »angemessen« reagiert, erzähle ich meist eine Geschichte aus dem Leben des Buddha, die Eltern helfen kann, über den Tod ihres Kindes hinwegzukommen.

Eines Tages suchte eine Frau namens Kisagotami den Buddha auf. Ihr einziges Kind war gestorben, und sie hoffte, dass der Buddha es wieder zum Leben erwecken würde, denn sie hatte gehört, dass er dazu in der Lage sei.

Als sie nun vor ihm stand, fragte sie den Buddha:

»Kennst du ein Heilmittel, das mein Kind wieder lebendig werden lässt?«

»Ich kenne ein solches Mittel«, gab er ihr zur Antwort, »aber um es zuzubereiten, brauche ich einige besondere Zutaten.«

Froh, endlich jemanden gefunden zu haben, der ihr helfen konnte, fragte sie den Buddha, was er denn benötige.

»Bring mir eine Handvoll Senfkörner«, sprach der Buddha. »Doch diese Senfkörner müssen aus einem Haus stammen, in dem noch nie ein Kind oder ein Erwachsener gestorben ist.«

Die Frau willigte ein und ging von Haus zu Haus, um die Senfkörner zu beschaffen. Doch nirgends konnte man ihr helfen, denn in jedem Haus hatte man schon einmal einen Toten beklagt. Unfähig, ein Haus zu finden, das der Tod verschont hatte, erkannte sie, dass andere ihr Leid teilten, und fand sich schließlich mit dem Tod ihres Kindes ab. Sie kehrte zum Buddha zurück, der ihr voller Mitgefühl erklärte:

»Du dachtest, nur du allein hättest einen Sohn verloren. Doch alle Wesen sind dem Gesetz der Vergänglichkeit unterworfen. Niemand kann dem Leid entfliehen, das ist die Wahrheit unseres Lebens.«

Im Laufe der Jahre habe ich viele Menschen verloren, die mir nahestanden, darunter auch meine Mutter. Ich war deswegen sehr traurig, das ist nur natürlich. Als ich mir dann aber bewusst machte, dass sie ja wiedergeboren würde, sagte ich mir, dass dieser Kummer zu nichts führt und es besser ist, Gebete für die Verstorbenen zu sprechen und dafür, dass sie eine günstige Wiedergeburt haben mögen. So halte ich es seitdem und dadurch denke ich mehr an andere und weniger an mich. Die beste Art, die Erinnerung an einen mir nahestehenden Menschen zu bewahren, besteht für mich darin, voller Wohlwollen an ihn zu denken und für ihn zu beten.

Alles ist vergänglich, nichts existiert
aus sich selbst heraus, nichts ist dauerhaft.

Das Gesetz der Vergänglichkeit steht im Mittelpunkt der buddhistischen Lehren und damit des Lebens im Allgemeinen. Alles ist vergänglich, nichts existiert aus sich selbst heraus, nichts ist dauerhaft. Um sich davon zu überzeugen, muss man sich nur einmal umsehen: die Natur, die Menschen, der Kosmos. Alle Phänomene sind das Produkt einer Reihe von Ursachen und Wirkungen. Sie hängen voneinander ab und sind unbeständig. Dieses Wissen um die Vergänglichkeit führt bei uns

Menschen zu Leid. Darauf hat sich der Buddha bezogen, als er von der »Wahrheit des Leids« gesprochen hat. Wir leiden, weil die Dinge vergänglich sind. Wenn wir unsere Anhaftung an Dinge und Wesen verringern, indem wir unsere verblendeten Geisteszustände verändern, können wir uns von diesem Leiden befreien. Die Meditation über die Unbeständigkeit hilft uns, die veränderliche Natur der Wirklichkeit von Grund auf zu verstehen und zu akzeptieren, da sie unseren illusorischen Wahrnehmungen und unseren negativen Impulsen entgegenwirkt.

Niemand möchte älter werden, sterben oder krank sein, doch es ist sinnlos, die Realität zu leugnen. Sie ist Teil unserer Existenz, und früher oder später müssen wir uns diesen Erfahrungen stellen. Daher ist es besser, sich darauf vorzubereiten. Diese positive Haltung hilft uns, mit schwierigen Situationen besser fertigzuwerden. Darum ist es falsch zu glauben, der Buddha habe nur deswegen so nachdrücklich auf Tod und Vergänglichkeit hingewiesen, weil er ein Pessimist war. Der Buddhismus ist vielmehr ein ausgesprochen realitätsbezogener spiritueller Weg, da er Tod und Vergänglichkeit als natürliche Phänomene betrachtet, die untrennbar mit unserer Existenz verbunden sind. Wenn wir uns entsprechend vorbereiten, werden wir weniger leiden.

Durch regelmäßiges Geistestraining
können wir mehr Herzensgüte entwickeln.

Wenn wir unseren Geist regelmäßig schulen, werden wir angesichts schwieriger Umstände weniger leiden, vor allem, wenn wir über die Vergänglichkeit meditieren. Durch regelmäßiges Geistestraining können wir auch unsere Herzensgüte, unsere natürliche Anlage zu Großzügigkeit und Mitgefühl entwickeln und unsere negativen Gefühle abbauen. Der Geist ist ein höchst eigenartiges Phänomen. Oft widersetzt er sich starr jeder Veränderung, dann wieder ist er sehr geschmeidig und unterstützt uns in unserer Absicht, uns zu verändern. Doch dazu müssen wir ihn durch ständiges Bemühen und Entschlossenheit zur Mitarbeit bewegen. Reines Wunschdenken und Gebete reichen nicht aus, um ihn umzuwandeln. Wir müssen vielmehr mit Klugheit, Mut, Willenskraft, Disziplin und Ausdauer vorgehen. Es braucht Zeit, um die eingeschliffenen Gewohnheiten des Geistes zu verändern. Ohne Mut und Disziplin ist es schwer, mit auftretenden Hindernissen umzugehen. Jede problematische Erfahrung zwingt uns, mitfühlender und einfühlsamer zu werden sowie eine größere Bereitschaft zu entwickeln, anderen zu helfen, sich aus dem Kreislauf des Leidens zu befreien. Das macht uns schließlich gelassener und glücklicher.

Mütter können ihre Kinder lehren, ihren Geist zu verändern.

Den eigenen Geist umzuwandeln ist kein leichtes Unterfangen und erfordert Zeit. Um Erfolg zu haben, muss man sich mit den entsprechenden Techniken vertraut machen und sich täglich mehrfach darin üben. Es handelt sich um einen wahren Schulungsprozess des Geistes.

Um die gewünschten Ergebnisse zu erzielen, sollten wir jeden Morgen unsere Motivation prüfen, damit wir die restliche Zeit des Tages so gut wie möglich nutzen können. Jeden Abend legen wir uns selbst gegenüber dann Rechenschaft darüber ab, was wir tagsüber getan haben, und wir überprüfen, ob wir unseren Vorsätzen entsprechend gehandelt haben. Wenn wir dies bejahen können, haben wir guten Grund, uns zu freuen. Wenn nicht, dann bereuen wir unsere Fehler und nehmen uns vor, sie nicht mehr zu wiederholen. Diese Praxis hilft uns, unseren Geist umzuwandeln.

Mütter können ihren Kindern beibringen, ihren Geist zu verändern. Der Buddhismus bietet hierzu verschiedene Techniken, die man Kindern beispielsweise in Form eines Spiels nahebringen kann. Mütter besitzen die erforderliche Geduld, ihr Kind zu lehren, wie es sich ändern und bestimmte positive Eigenschaften entwickeln kann, weil sie ihm gegenüber Liebe und Zuneigung empfinden. Zudem wissen sie, dass sie dadurch den Grundstock für das spätere Glück ihrer Kinder legen, und das ist ihre größte Freude.

Der Dalai Lama spricht über seine Mutter
Meine Mutter war unbestreitbar einer der freundlichsten Menschen, die ich je gekannt habe. Sie war wirklich wunderbar und überaus mitfühlend. Eines Tages – damals herrschte im benachbarten China eine fürchterliche Hungersnot und viele bedauernswerte Menschen kamen über die Grenze in der Hoffnung, bei uns etwas Essbares zu finden – klopften ein Mann und eine Frau an unsere Tür, die ihr totes Kind mit sich trugen. Sie flehten meine Mutter an, ihnen etwas zu essen zu geben, was sie ohne zu zögern tat. Dann deutete meine Mutter auf das tote Kind und fragte die Eltern, ob sie ihnen helfen sollte, es zu beerdigen. Als die beiden begriffen hatten, was meine Mutter gefragt hatte, schüttelten sie den Kopf und bedeuteten ihr, dass sie das Kind essen wollten. Entsetzt bat meine Mutter die beiden ins Haus und gab ihnen alles, was sie an Vorräten hatte. Nie schickte sie einen Bettler mit leeren Händen fort, selbst auf die Gefahr hin, dass ihre eigene Familie vielleicht nicht mehr genug zu essen hatte.

DIE FAMILIE:
WELCHE WERTE GEBEN WIR WEITER?

Eure Heiligkeit,
Sie appellieren an uns Frauen und Mütter, die Welt von morgen aktiv mitzugestalten, und betonen unser ausgeprägtes Wohlwollen und Mitgefühl, die unter »normalen« Umständen Teil unseres Wesens sind. Doch bevor wir diese Qualitäten zum Ausdruck bringen können, müssen wir zunächst die emotionalen Verletzungen unserer Kindheit heilen. Nur dann sind wir fähig, unseren Kindern oder anderen uns nahestehenden Menschen selbstlos zu begegnen. Nur dann können wir andere über uns und unsere eigenen Probleme stellen.

Sie fordern uns dazu auf, die hierfür nötige innere Reife zu entwickeln. Diese entsteht allerdings nicht automatisch mit zunehmendem Alter, sondern mit zunehmender Einsicht. Ob wir diese Reife erlangen, hängt nicht zuletzt davon ab, inwiefern wir einen Sinn in unserem bisherigen Leben sehen und mit uns und unserer Vergangenheit im Reinen sind. Das allein ist schon eine große Aufgabe, die genug »Stoff« für Entwicklung und Wachstum bietet. Sind wir Frauen in der Lage, diesen Weg zu beschreiten? Dank Ihnen fällt es uns vielleicht etwas leichter. Sie erinnern uns daran, dass Mütter sich wie Bodhisattvas um das Wohl anderer kümmern sollten, und Sie machen uns Mut, nicht an uns zu zweifeln und das zum Ausdruck zu bringen, was Sie unser grundlegendes Wesen nennen. Da Sie Vertrauen in uns haben, entwickeln auch wir mehr Selbstvertrauen.

Die Mutterrolle auszufüllen bedeutet unter anderem, unseren Kindern Werte zu vermitteln. In erster Linie wird eine Mutter ihr Kind Eigenschaften wie Großzügigkeit, Toleranz, Bescheidenheit und so weiter lehren. Doch das Kind wird auch in eine bestimmte Tradition hineingeboren, in eine Familie, deren Werte es auf die Begegnung mit anderen Menschen vorbereiten. Die Familie ist ein symbolischer Ort, der Schauplatz einer Vielfalt von Emotionen, Begierden, Freuden und Leiden; ein soziales Modell, dessen Struktur die Geschichte ganzer Epochen widerspiegelt.

Früher lebten mehrere Generationen von Frauen unter einem Dach. Heute ist der traditionelle Familienverband vielfach der alleinerziehenden Mutter mit einem oder mehreren Kindern gewichen. Kinder lernen heute also oft als Erstes, dass Ehen scheitern und Familien auseinanderbrechen. Wenn wir Frauen unsere Kinder getrennt von ihren Vätern aufziehen, nehmen wir ihnen einen Teil ihrer selbst. Sie fühlen sich innerlich zerrissen. Wir wissen das und haben deshalb Schuldgefühle. Um den fehlenden Vater zu ersetzen, unternehmen wir den zuweilen ebenso vergeblichen wie sinnlosen Versuch, uns zur »Supermutter« zu entwickeln. Wir Frauen können einem Kind den Vater nicht ersetzen. Zum Glück kommen die Dinge manchmal wieder ins Lot, wenn das Kind erwachsen wird und seinen Eltern erneut den Platz einräumt, der ihnen zukommt.

Oft haben wir jedenfalls keine rechte Vorstellung davon, wie wir unseren Kinder beibringen können, mit ihren emotionalen Konflikten umzugehen und glücklichere Menschen zu werden, da wir dies selbst nie von unseren Müttern und Großmüttern gelernt haben. Somit werden häufig all die Unzulänglichkeiten und Konflikte, die es in einer Familie auf weiblicher beziehungsweise mütterlicher Seite gibt, von Generation zu Generation übertragen, bis sich schließlich eine Frau ein Herz fasst und die Familientradition durchbricht.

Die Verantwortung dafür, welche Werte tradiert werden, liegt bei uns Frauen. Es ist eine große Herausforderung, von der die Zukunft unserer Gesellschaft abhängt. Dieses Wissen wird uns helfen, unseren Kindern Werte zu vermitteln, die sie zu glücklichen Menschen machen – mit einem offenen Herzen für die Welt und für andere.

Mütter sollten ihren Kinder beibringen,
wie man mit dem Geist und den Emotionen arbeitet.

Ich bin zutiefst davon überzeugt, dass das wahre Wesen des Menschen grundsätzlich zu liebender Güte und Mitgefühl neigt. Doch diese Veranlagung reicht noch nicht aus, um Liebe und Mitgefühl tatsächlich zum Tragen kommen zu lassen und unsere Sicht der Wirklichkeit und der eigenen Person zu verändern. Wir sollten uns aktiv darum bemühen, diese Qualitäten zum Ausdruck zu bringen. Wenn wir dauerhaftes Glück erlangen wollen, müssen wir so früh als möglich lernen, mit unserem Geist und unseren Emotionen zu arbeiten. Das ist der erste Schritt. Wir müssen verstehen, warum negative Emotionen und Verhaltensweisen uns schaden und warum positive Emotionen uns nützen. Dieses Verständnis ist eine notwendige Voraussetzung, um unsere Beziehungen zu anderen Menschen zu verändern. Zunächst sollten wir unseren Geist positiv beeinflussen, damit wir mit Überzeugung, Entschlossenheit und Tatkraft an diese Wandlung herangehen können. Wir müssen vollkommen davon überzeugt sein, dass es notwendig ist, an unserem Geist zu arbeiten. Andernfalls werden wir kaum die Entschlossenheit aufbringen, diesen Weg zu gehen. Dieser Entschluss wird zu entsprechenden Taten führen – vorausgesetzt natürlich, wir lassen in unseren Bemühungen nicht nach. Das ist der entscheidende Punkt. Mütter sollten ihren Kinder unbedingt beibringen, wie man mit dem Geist und den Emotionen arbeitet. Gelingt es ihnen, hier eine gute Basis zu schaffen, werden die Kinder später sehr wahrscheinlich glücklichere Menschen sein und sich anderen gegenüber mitfühlend und großzügig verhalten. Lernen wir nicht, unseren Geist umzuwandeln und die Bedeutung liebender Güte und Mitgefühl zu erkennen, wird unser Leben sinnlos sein.

Wir müssen der Wertevermittlung
mehr Aufmerksamkeit schenken.

Die Gesellschaft und Familie von heute befinden sich in einer gewissen Sinnkrise. Erklären lässt sich diese nur damit, dass die Bande zwischen den Mitgliedern der Gesellschaft beziehungsweise der Familien immer schwächer werden. Sobald sie erwachsen werden, leben die Kinder getrennt von ihren Eltern. Manchmal brechen sie sogar jeden Kontakt zu ihnen ab. In den Städten leben die meisten Menschen mittlerweile allein. Diese Entwicklung ist mitverantwortlich für den Mangel an gegenseitiger Achtung, Zuneigung und Solidarität unter den Menschen. Um dem entgegenzuwirken, sollten wir stärker auf die Wertevermittlung gegenüber den Kindern achten. Junge Menschen sind sehr sensibel und aufmerksam und achten ganz genau darauf, ob die Erwachsenen sich selbst auch an die Werte halten, die sie propagieren. Wenn wir Kinder zu besseren Menschen erziehen wollen, wenn wir möchten, dass sie auf uns hören und uns vertrauen, müssen wir aufrichtig und ehrlich mit ihnen umgehen und ihnen ein gutes Vorbild sein.

Dies wird uns leichter fallen, wenn wir selbst in unserem Leben konsequent sind. Daher sollten wir uns daran erinnern, dass es unser Geist ist, der unsere Welt erschafft.

Kinder zu erziehen bedeutet, ihnen Werte zu vermitteln.

Unser Geist kann uns Probleme bereiten, er kann uns aber auch helfen, mit alltäglichen Schwierigkeiten fertigzuwerden, je nachdem, wie wir ihn geschult haben.

Kindererziehung bedeutet nicht, dass wir unseren Kindern beibringen, wie sie sich gegen Konkurrenten durchsetzen, viel Geld verdienen und reich und berühmt werden, wie dies heute in vielen westlichen Ländern praktiziert wird. Mit dieser Form von Erziehung erreicht man nur, dass Kinder ständig unter verschiedenen Ängsten, Selbstzweifeln und Stress leiden. Erziehung heißt in erster Linie, Kindern moralische und ethische Werte zu vermitteln, sodass sie anderen Menschen mit Achtung begegnen.

Natürlich kommt der Vermittlung von Wissen eine wichtige Rolle zu, doch noch wichtiger ist, wie wir unser Wissen später nutzen. Und das hängt von den ethischen Werten ab, die uns als Kind vermittelt wurden. Die richtige ethische Einstellung hilft uns, die Ursachen von Leid zu erkennen und zu begreifen, welches Verhalten zum Glück führt. So können wir verstehen, was in der Welt passiert, und entwickeln ein größeres Verständnis für die Rechte und Bedürfnisse anderer. Schließlich werden wir uns aufgrund unserer ethischen Einstellung bewusst, dass jede unserer Handlungen, entsprechend ihrer Natur, positive oder negative Auswirkungen zeitigt. Diese sehr umfassende Form der Erziehung fördert das Verantwortungsbewusstsein des Kindes.

Wenn man zu sehr mit dem Kopf ans Lernen herangeht, vernachlässigt man die Intelligenz des Herzens.

Die moderne Gesellschaft betont zu sehr den Intellekt und vernachlässigt das Herz. Natürlich stellt sich die Frage, woran das liegt. Die Menschen im Westen lernen gern. Bei Vorträgen und Seminaren machen sie sich fleißig Notizen. Kaum haben sie den Vortragssaal verlassen, eilen sie in die nächste Buchhandlung, um Bücher zu kaufen und ihre Kenntnisse zu vertiefen. Das ist auch gut so, doch wenn man zu sehr mit dem Kopf ans Lernen herangeht, vernachlässigt man unter Umständen die Intelligenz des Herzens.

Herz und Geist müssen gleichermaßen geschult werden, damit wir ein friedvolles, harmonisches und von Einsicht geprägtes Leben führen können. In jungen Jahren gelingt dies noch leichter, denn der Geist junger Menschen ist offener als der von Erwachsenen. Es ist leichter, ihnen Werte zu vermitteln, da sie noch nicht so stark von ihrem wahren Wesen entfremdet sind, das grundlegend gut ist. Das Wertesystem, das man einem Kind vermittelt, hat großen Einfluss darauf, ob es später in der Lage ist, seinem Leben einen Sinn zu geben und zu erkennen, dass jeder Augenblick einzigartig und kostbar ist. Und natürlich auch darauf, ob es sein Leben entsprechend gestalten kann.

Wir müssen Kindern schon früh beibringen,
die Intelligenz ihres Herzens zu entwickeln.

Wenn ich mich zwischen Wissen und einer selbstlosen Grundhaltung entscheiden müsste, würde ich ohne Zögern Letzteres wählen. Ein gutes Herz zu haben ist sowohl für uns selbst als auch für die Menschheit im Allgemeinen von Nutzen. Deshalb müssen wir Kindern schon früh beibringen, wie sie die Intelligenz des Herzens sowie Mitgefühl, Großzügigkeit, Liebe und Toleranz entwickeln können. So bekommen sie ein anderes Bild von sich selbst und lernen, sich mit den positiven Aspekten des Geistes vertraut zu machen sowie mit ihren Emotionen zu arbeiten. Gleichzeitig lernen sie, die guten Seiten ihrer Mitmenschen zu sehen und ein gutes Verhältnis zu ihrem Umfeld aufzubauen. Und sie begreifen, dass es bei Auseinandersetzungen besser ist, mit den Beteiligten zu reden und nach einer friedlichen Lösung zu suchen, damit die Situation nicht außer Kontrolle gerät.

Das familiäre Umfeld spielt bei der Erziehung eine entscheidende Rolle.

Das familiäre Umfeld spielt bei der Kindererziehung eine entscheidende Rolle. Kinder lernen viel leichter von Erwachsenen, die ihnen mit Zuneigung und Liebe begegnen statt mit Härte und Unverständnis, was ja nicht weiter verwunderlich ist. Es schenkt ihnen mehr Selbstvertrauen und eine größere Offenheit gegenüber anderen Menschen und lässt sie dem Leben vertrauensvoll begegnen. Dasselbe geschieht, wenn Kinder spüren, dass Erwachsene sie gerne glücklich sehen möchten. Eltern und Lehrer können Kinder durch ihr Verhalten für ihr ganzes Leben positiv oder negativ beeinflussen. Das ethische Verhalten von Erwachsenen, die Disziplin oder andere Eigenschaften, die sie vorleben, prägen sich dem Kind ein. Es nimmt sich daran ein Vorbild und gestaltet seine Beziehungen zu anderen Menschen nach diesem Muster. Beobachtet ein Kind das Verhalten von Erwachsenen, erkennt es, dass auch sein eigenes Tun positive oder negative Folgen hat. Ihm wird bewusst, dass seine Zukunft in seinen Händen liegt. Nicht das, was wir sagen, sondern das, was wir tun, zeigt einem Kind, wie wichtig es uns ist und wie sehr wir es lieben. Nur das zählt für das Kind, und wenn es erwachsen ist, wird es sich auf die gleiche Weise verhalten.

Man sollte Kindern vermitteln,
dass jede Form der Diskriminierung
letztlich zur Ursache von Gewalt wird.

Gerade in unserem Zeitalter der Globalisierung sollte man Kindern vermitteln, dass jede Form der Diskriminierung letztlich zur Ursache von Gewalt wird und dass verhärtete Fronten nur durch Toleranz und einen anhaltenden Dialog aufzulösen sind. Es ist zum Beispiel völlig sinnlos, Menschen nach Religionszugehörigkeit oder Nationalität zu unterscheiden. Das führt nur zu Konflikten und Gewalt. Das heißt aber nicht, dass sie ihre angestammte Kultur vergessen sollen, ganz im Gegenteil! Kulturelle Traditionen helfen den Menschen, sich zu verwurzeln. Sie schenken ihnen ein Gefühl der Identität, das ihnen Sicherheit verleiht, sodass sie vertrauensvolle Beziehungen zu anderen aufbauen können.

Die Medien beeinflussen das ethische
Empfinden einer Gesellschaft erheblich.

Kinder sind ebenso wie Erwachsene zahlreichen äußeren Einflüssen ausgesetzt, wobei den Medien im Allgemeinen und dem Fernsehen im Besonderen die größte Bedeutung zukommt. Sie üben ganz konkret Macht über uns aus. Sie verändern unsere Vorlieben, unser Denken, unser Empfinden und unser Verhalten. Die Medien beeinflussen das ethische Empfinden einer Gesellschaft erheblich.

Das Fernsehen zeigt überwiegend
die negativen Seiten des Menschen.

Die Medien beeinflussen die Art und Weise, wie Kinder die Welt wahrnehmen und sich anderen gegenüber verhalten. Sie zeichnen mit ihren Berichten über Katastrophen, Kriege und andere schreckliche Dinge ein in erster Linie gewalttätiges Bild der Welt. Man hört nur noch von Vergewaltigungen, Morden, kriegerischen Konflikten, Skandalen, Lügen und Betrügereien. Nie zuvor in der Geschichte gab es ein derartiges Schwelgen in Bildern der Gewalt. Darüber sollten wir uns Gedanken machen, denn es bleibt nicht ohne Wirkung auf unsere Kinder. Wenn Kinder Bilder von schrecklichen Ereignissen sehen, reagieren sie äußerst betroffen, weil sie sich spontan mit allem identifizieren, was sie in der Realität oder auf dem Bildschirm sehen. Das kann starke Ängste auslösen oder dazu führen, dass sie jeden moralischen Bezug verlieren.

Das Fernsehen zeigt überwiegend die negativen Seiten des Menschen, und so gewinnt man als Zuschauer den Eindruck, der Mensch sei zutiefst böse und gewalttätig. Das ist nicht gerade förderlich, um die Entwicklung der Gesellschaft in eine positive Richtung zu lenken, denn es verharmlost die Gewalt. Beim Zuschauer – speziell beim kindlichen Zuschauer, der leicht beeinflussbar ist – erstickt es jedes Verantwortungsgefühl im Keim.

Die Medien sollten ein realistischeres
und ausgewogeneres Bild der Welt zeigen.

Würde das Fernsehen mehr über erfreuliche Geschehnisse berichten, unseren Geist also sozusagen mit positiven Nachrichten füttern, trüge dies früher oder später auch zu einer entsprechenden Veränderung der Gesellschaft bei, welche die positiveren Facetten der menschlichen Natur mehr zur Geltung kommen lassen würde.

Die Medien sollten ein realistischeres und ausgewogeneres Bild der Welt zeigen und darüber hinaus vermitteln, wie viel Leid durch Gewalt verursacht wird und welche Kraft positive Gefühle haben. Durch eine solche Ausrichtung würden die Medien mehr Verantwortungsbewusstsein beweisen.

Bis dahin sollten die Mütter auf eine sorgfältige Auswahl der Sendungen achten, die sie ihre Kinder sehen lassen. Sie sollten im Umgang mit den Medien auch ein gutes Vorbild für ihre Kinder sein und nicht alles konsumieren, was über den Bildschirm läuft. Als Erwachsene werden ihre Kinder dann mit Sicherheit ebenso verantwortungsvoll mit den Medien umgehen.

Séverine Ferrer[2] *über den Dalai Lama*
Fünf Jahre sind vergangen seit meinem Zusammentreffen mit dem Dalai Lama, diesem außergewöhnlichen Menschen, dem zu begegnen ich die Ehre hatte. Seitdem trage ich seine Worte in mir. Daran halte ich mich besonders, wenn ich mit missgünstigen Attacken konfrontiert bin. Seitdem gelingt es mir, den in mir aufsteigenden Groll angesichts unberechtigter Vorwürfe in den Griff zu bekommen.

---

2 Französische Fernsehmoderatorin, Sängerin und Schauspielerin

FRAUEN UND MÄNNER SIND EINANDER EBENBÜRTIG

Eure Heiligkeit,
im August 2008 wurden Sie bei einem Vortrag von einem
Zuhörer gefragt, wie Sie die Entwicklungsmöglichkeiten der
Frau im Buddhismus einschätzen. Sie haben ohne Umschwei-
fe geantwortet, dass Sie, was die spirituelle Verwirklichung
angeht, an die vollkommene Gleichheit von Männern und
Frauen glauben.

Männer und Frauen haben Ihnen zufolge also dieselben
Chancen, »Buddhas« zu werden, sich vom Leiden zu befreien
und die Ursachen des Glücks zu verwirklichen. Zu Beginn
des 21. Jahrhunderts findet diese Aussage sicher nicht in allen
buddhistischen Schulen Zuspruch, denn Rolle und Stellung der
Frau im Buddhismus sind je nach Land ziemlich verschieden.
Und doch trat der Buddha vor mehr als 2500 Jahren für die
absolute Gleichberechtigung aller Wesen ein, was ihn zu einem
der ersten Feministen macht. Doch einige seiner revolutionä-
ren Prinzipien wurden anders interpretiert beziehungsweise
wiedergegeben, da das Gedächtnis des Menschen fehlbar ist.

Der freiheitliche Geist der Neuerung, der dem Buddhismus
zugrunde liegt, führte dazu, dass er sich im Laufe der Jahrhun-
derte wandelte. Der Buddhismus hat sich vielen verschiedenen
Kulturen angepasst, ohne seine Grundwerte zu verleugnen.
Dabei gab man ohne Zögern bestimmte Vorstellungen auf,
wenn sie aufgrund neuer Erkenntnisse überholt schienen.

Auch Sie selbst, Eure Heiligkeit, wären bereit dazu, falls wissenschaftliche Erkenntnisse bestimmte buddhistische Theorien eindeutig widerlegen würden. Das ist Zeichen eines Geistes, der sich seiner Zeit öffnet, klarsichtig, verantwortungsbewusst und entschlossen, alles zu tun, um auch die Stellung der Frau zu verändern.

In der buddhistischen Welt wird die Gleichheit zwischen Männern und Frauen vor allem im Hinblick auf das Erlangen der Erleuchtung nicht immer anerkannt, zum Beispiel in den Ländern, die der Theravada-Tradition* folgen wie Sri Lanka, Kambodscha und Laos, aber ebenfalls in Ländern, die der Tradition des Mahayana* verpflichtet sind wie China, Korea, Japan oder Vietnam. Doch auch in Gebieten, die sich der Vajrayana-Tradition*, also der Ihren, zugehörig fühlen, trifft dies zu – etwa in der Mongolei, in Kalmückien, Ladakh und Zanskar. Als die Lehren des Buddha dort eingeführt wurden, passte man sie den kulturellen Gegebenheiten an und überlieferte sie in dieser veränderten Form bis heute.

Diese Ungleichbehandlung von Männern und Frauen haben Sie, Eure Heiligkeit, auch im Tibet Ihrer Kindheit kennengelernt. Sie haben dieses Prinzip schon in Ihrer Jugend infrage gestellt und sich nach 1960 noch energischer für einen Wandel eingesetzt. Als Beleg dafür mag gelten, was Alexandra David-Néel in ihrem Buch ›Magier und Heilige in Tibet‹ schreibt. Sie war die erste französische Buddhistin und die erste Frau aus dem Westen, der Sie eine Audienz erteilt haben, weil sie einfach nicht lockerließ. Zu jener Zeit, so schreibt sie, sei es Ihnen unvorstellbar erschienen, dass eine Abendländerin etwas von buddhistischer Philosophie verstehen könne. Und sie fügt hinzu, dass Sie nicht hätten erstaunter sein können, wenn sie sich während der Audienz in Luft aufgelöst hätte. Ganz im Gegenteil: Die Tatsache, dass sie es nicht tat und einfach da war, habe Sie in äußerstes Erstaunen versetzt. Diese Schilderung zeigt einmal mehr, welch ungeheuer weiten Weg Sie gegangen sind, um uns zu verstehen.

Schelmisch haben Sie gar das ein oder andere Mal lachend darauf angespielt, dass der 15. Dalai Lama eine Frau sein könnte. Ein Scherz? Eine Provokation? Oder doch Überzeugung? Letztlich ist das nicht so wichtig. Denn mit der Ihnen eigenen Freiheit zeigen Sie uns, welchem Weg wir folgen sollten: Es gilt, unsere fixen Ideen über Bord zu werfen, uns stets von Neuem infrage zu stellen, Vorurteile und Gewohnheiten abzulegen, nicht an der Vergangenheit zu hängen, solange es sich dabei nur um eine nostalgische Sehnsucht nach einer überlebten Zeit handelt, frei zu sein, vorwärtszuschreiten und uns einen absolut freien Geist zu bewahren. Wenn Sie sagen, dass Sie sich auch als Frau reinkarnieren könnten, dann zeigt dies, wie offen der Buddhismus für den Wandel ist. Und es wird deutlich, wie sehr Sie vom Mitgefühl bewegt sind, das Ihnen zufolge ja einmal die Welt verändern wird.

Das Vajrayana, der einst nur vom Meister auf den Schüler übertragen wurde, hat im Westen starken Zulauf von Frauen. Seitdem Sie im Jahr 1989 den Friedensnobelpreis erhalten haben, wenden sich hier immer mehr Frauen dem tibetischen Buddhismus zu. Ihr Lächeln, Ihre heitere Gelassenheit, Ihr Eintreten für Gewaltfreiheit und Ihr unbeugsamer Entschluss, sich stets für den Weltfrieden einzusetzen, haben diese Entwicklung zweifellos gefördert. Darüber hinaus hat sich das so pragmatische und universelle Vajrayana schnell an unsere Zeit angepasst. Er kommt den Bedürfnissen der modernen Frau entgegen, ohne sie zu verurteilen oder ihr Schuldgefühle einzureden. Unsere angestammten Religionen hingegen waren sehr häufig nicht in der Lage, sich der geistigen Entwicklung ihres Umfelds anzupassen und auf die Bedürfnisse der Menschen einzugehen. Auf diese Weise entfremdet, bieten sie uns oft keinen spirituellen Weg mehr, der uns im Alltag unterstützt und uns hilft, mit unserem Leben in der heutigen Gesellschaft zurechtzukommen. Vielleicht berührt uns gerade aus diesem Grunde so stark, was Sie in Ihrer Dankesrede zur Verleihung des Nobelpreises sagten: »Es ist nicht wichtig, ob jemand gläubig ist oder nicht. Alles, was zählt, ist, ob er gut ist.«

Für diesen Appell, gut zu sein, ist wohl jede Frau offen.

Seit mehr als 2500 Jahren inspirieren die Lehren des Buddha uns dazu, uns für die Gleichbehandlung aller Wesen einzusetzen. Sie tragen diese Botschaft energisch in die Welt. Sie bitten uns stets, nicht zu vergessen, dass wir alle einander ebenbürtig sind. Und Sie fordern uns auf, für unsere Rechte einzutreten und uns gegen jede Form der Diskriminierung oder Ausbeutung zu wehren. Und genau das sollten wir tun.

Zweifellos war ich in einigen
meiner früheren Leben eine Frau.

Die Menschen im Westen befragen mich immer wieder zu meinen früheren Lebenszeiten. Dieses Thema interessiert sie offensichtlich brennend. So wollen sie beispielsweise wissen, ob ich mich an meine früheren Leben erinnere und ob ich je eine Frau gewesen sei. Auf diese Frage antworte ich meist scherzhaft, dass ich mich ja häufig nicht einmal an das erinnere, was ich am Vortag gemacht habe, und ich mich daher erst recht nicht entsinnen kann, was ich in früheren Leben war oder getan habe.

Als Buddhist glaube ich an die Wiedergeburt. Und ganz sicher war ich in einigen meiner früheren Existenzen auch eine Frau – wie im Übrigen alle Menschen auf dieser Welt! Ich war schließlich nicht immer ein Dalai Lama! Was die Zukunft angeht, so weiß ich nicht, ob ich im Körper eines Mannes oder einer Frau wiedergeboren werde. Weder gegen das eine noch gegen das andere wäre etwas einzuwenden. Wir sollten jede Form der Diskriminierung vermeiden.

Der Buddha lehrte, dass Männer und Frauen gleich sind.

Zu seinen Lebzeiten lehrte der Buddha, dass Männer und Frauen gleich sind und dieselben Fähigkeiten besitzen, das höchste

Ziel, den Buddhazustand, zu erreichen. Doch da der Buddha seine Belehrungen stets dem Verständnis seiner Zuhörer anpasste, scheinen sie gewisse Widersprüche zu enthalten, wenn man sie nicht im richtigen Kontext sieht. Das ist zum Beispiel bei der Frage der Gleichberechtigung der Geschlechter der Fall oder etwa bei der Entstehung der drei großen Schulen des Buddhismus, des Theravada, des Mahayana und des Vajrayana. Außerdem hat jede Kultur, die den Buddhismus übernahm, die Worte des Buddha im Laufe der Jahrhunderte in ihrem eigenen Sinne interpretiert.

Warum sollte ich nicht als weiblicher
Dalai Lama wiedergeboren werden?

Erst kürzlich fragte man mich, ob ich als Frau wiedergeboren werden könne. Im tibetischen Buddhismus ist das Ziel einer Reinkarnation, die eigene Buddhanatur zu verwirklichen und anderen Wesen zu helfen, sich vom Leiden zu befreien. Das bedeutet, alles zu tun, um ihnen zu Glück und den Ursachen des Glücks zu verhelfen. Wenn ich also als Frau der Gesellschaft nützlicher sein kann, warum sollte ich dann nicht als weiblicher Dalai Lama zur Welt kommen? In der tibetischen Tradition gab es viele große Meisterinnen, denn was das Potenzial zur Erleuchtung angeht, gibt es zwischen Männern und Frauen keine wesentlichen Unterschiede. Es zählt nur, ob man einen hohen Grad spiritueller Verwirklichung erreicht, um so die Prinzipien und Methoden des Buddhismus weitergeben zu können.

So wäre eine Wiedergeburt als Frau sicher sehr hilfreich für die Förderung der Gleichberechtigung und die Verbesserung der Situation von Frauen, die in Kulturen leben, in denen sie traditionell diskriminiert werden. Dies war früher in Tibet durchaus der Fall. Die Situation der Frauen war dort weit weniger günstig als die der Männer. So kam es vor, dass aus Gründen der Erbfolge eine Frau mit mehreren Brüdern einer Familie gleichzeitig verheiratet war. Auf diese Weise musste man das Erbe, meist Land, nicht teilen. Aber es gab wenige Frauen, die als Tulku* zur Welt kamen. Frauen wie Yeshe Tsogyäl* beispielsweise spielten zu ihrer Zeit im Schneeland eine bedeutende Rolle.

Tara, der weibliche Bodhisattva, war die erste Feministin der Weltgeschichte.

Bis zum Jahr 1959 lebten wir in Tibet in einer Feudalgesellschaft, in der die Männer den Ton angaben – in einer Gesellschaft, die aus Unwissenheit ihre Grundlagen nie hinterfragte. In der buddhistischen Philosophie aber gibt es zwischen Männern und Frauen keinen grundlegenden Unterschied, wenn es um die Fähigkeit zur Erleuchtung geht. Um das zu verdeutlichen, führe ich gern das Beispiel von Tara an. Tara ist die weibliche Verkörperung des Mitgefühls. Sie ist auch die erste Feministin der Weltgeschichte. Als sie sah, dass unter denen, die nach Erleuchtung strebten, kaum Frauen waren, gelobte sie, so lange als Frau wiedergeboren zu werden, bis sie die Erleuchtung erlangt hatte. Und genau das tat sie dann auch.

Das Exil hat unsere Sicht auf die Frau verändert.

Das Exil hat unseren Blick auf das Leben der Frauen verändert. Im Allgemeinen ist der Buddhismus für Veränderungen offen, wenn Lebenswirklichkeit oder Wissensstand sich verändern. Dies gilt vor allem angesichts neuer wissenschaftlicher Entdeckungen. Wenn eine kritische Analyse zeigt, dass bestimmte Grundprinzipien des Buddhismus falsch sind, dann müssen wir das akzeptieren. Das Exil hat uns geholfen, unsere Kultur und unsere Traditionen aus einer anderen Perspektive zu betrachten und sie dementsprechend zu verändern. Mittlerweile werden den tibetischen Mädchen und Jungen andere Werte vermittelt. Und auch die katastrophale Situation der Nonnen haben wir beispielsweise zur Kenntnis genommen sowie die Abhängigkeit der Ehefrauen von ihren Männern. Wir bemühen uns sehr, dies zu verändern. Damit dieser Prozess schneller vor sich geht, dürfen die Frauen nicht zögern, ihre Rechte geltend zu machen. Nur auf diese Weise können sie ihre Rolle in Gesellschaft und Religion ausbauen. Sie dürfen nicht darauf warten, dass die Männer ihnen einen Platz einräumen. Nichts kann je rechtfertigen, dass man ihnen ihre Rechte vorenthält und sie diskriminiert, ganz egal, in welchem Land dies geschieht.

Was im Augenblick in Tibet geschieht,
kann nicht hingenommen werden.

Die aktuelle Situation in Tibet ist unerträglich. Die Tibeterinnen werden zur Geburtenkontrolle gezwungen. Junge Tibeterinnen zwischen 13 und 15 Jahren werden von chinesischen Medizinern unter einem fadenscheinigen Vorwand wie etwa einer angeblichen Blinddarmentfernung operiert. Erst später merken diese Mädchen, dass sie keine Kinder mehr bekommen können. Sie werden zwangssterilisiert. Das ist ein barbarischer, gewaltsamer Akt, der allein dazu dient, die tibetische Bevölkerung auf lange Sicht hin auszurotten. An einigen Orten wurde diese Operation bei mehr als zehn Prozent aller Frauen durchgeführt. Dies lässt für die Zukunft unseres Volkes nichts Gutes hoffen. Diese Maßnahmen der chinesischen Führungskräfte verletzen die Menschenrechte und kommen einer ethnischen Säuberung gleich. Wir müssen alles tun, damit in Tibet und allen anderen Ländern, in denen es solche Probleme gibt, die Menschen- und Freiheitsrechte der betroffenen Männer und Frauen respektiert werden.

Die Rechte der Frauen werden sich in Zukunft auf der ganzen Welt durchsetzen.

Frauen besitzen dieselben Rechte wie Männer und sind ihnen auf spiritueller Ebene vollkommen ebenbürtig. Ich bin sicher, dass die Rechte der Frauen sich bald auf der ganzen Welt durchsetzen werden. Dann wird uns erst richtig klar werden, was »Gleichberechtigung von Mann und Frau« eigentlich bedeutet. Und dafür müssen wir uns einsetzen.

LEBEN UND STERBEN: FRAGEN DER ETHIK
FÜR DIE FRAU VON HEUTE

Eure Heiligkeit,
beharrlich wiederholen Sie auf Ihren Vorträgen Folgendes:
»Das menschliche Leben ist das kostbarste Gut, das wir Men-
schen besitzen.« Vermutlich möchten Sie uns dazu bewegen,
unsere Einstellung dem Leben gegenüber zu verändern. Die
Kostbarkeit der menschlichen Existenz ist ein zentraler Ge-
danke des Buddhismus, der auch – in etwas abgeänderter
Form – im Taoismus und im Konfuzianismus anzutreffen ist.
Er prägt seit Jahrtausenden die Haltung der Menschen des
Ostens und speziell der Tibeter gegenüber ihrer Existenz und
Lebensweise sowie gegenüber der Welt im Allgemeinen. An
diesem Leitmotiv richten sie ihr Leben aus. Dieser Kernge-
danke ist in den Ländern Asiens noch nicht der ständigen Globa-
lisierung der Ideen zum Opfer gefallen, durch die gesellschaft-
liche Grundlagen und traditionelle Religionen häufig infrage
gestellt werden. Das liegt wohl daran, dass es sich vor allem
um eine allgemeine ethische Grundhaltung handelt und nicht
um ein religiöses oder moralisches Dogma.
Die individuelle beziehungsweise gesellschaftliche Ethik,
für die Sie, Eure Heiligkeit, eintreten, ist nicht an eine be-
stimmte Weltanschauung gebunden. Jeder kann sie zur Grund-
lage seines Handelns machen. Sie ist Antwort auf den Werte-
verfall der modernen Gesellschaft und die damit verbundene
vermehrte Abkehr von den traditionellen Religionen. Sie kann

uns Orientierung bieten, wenn wir angesichts zentraler Fragen der menschlichen Existenz und ihrer Konsequenzen versuchen, unseren Standort zu finden. Diese Ethik beruht in erster Linie auf der Minimalforderung, alles zu unterlassen, was anderen schaden könnte. Ihr aktiver Aspekt hingegen ermutigt uns, alles zu tun, um anderen dabei zu helfen, ihr Leiden zu beenden und glücklich zu werden. Da alle Phänomene wechselseitig voneinander abhängen, dürfen wir uns selbst dabei nicht vergessen. Der buddhistische Weg hat nichts mit Selbstkasteiung zu tun. Er stellt jedem die gleichen Instrumente zur Verfügung, um sich vom Leiden zu befreien. Wir sollten uns selbst lieben, achten und vertrauen, damit wir andere wertschätzen können – und damit wir verstehen, dass unser eigenes Glück zum Glück der anderen beiträgt. Das Gleichheitsprinzip ist ein entscheidender Aspekt für dieses Gleichgewicht zwischen uns und den anderen. Wenn uns bewusst wird, dass alle Wesen im Grunde gleich sind, werden wir auch keine Schwierigkeiten haben zu erkennen, woran Sie, Eure Heiligkeit, uns so häufig erinnern: »Jedes menschliche Leben ist unendlich kostbar.« Also auch unser eigenes! Für so manchen Abendländer klingt die Aufforderung, sich selbst nicht zu vernachlässigen, geradezu revolutionär – zweitausend Jahre abendländischer Kultur, in der die Sorge um das eigene Wohl keine allzu große Bedeutung hatte, haben eben doch ihre Spuren hinterlassen. Manchmal ergänzen Sie Ihre Aussage noch durch einen Zusatz: »Die menschliche Existenz ist kostbar und schwer zu erlangen.« Man muss sie sich also »verdienen«. Genau darum bemühen wir uns von Wiedergeburt zu Wiedergeburt, denn der »Besitz« eines menschlichen Körpers ist der Schlüssel, der uns das Tor zur Befreiung öffnet.

Befragt man Sie zu ethischen Aspekten bei Themen wie Abtreibung, Palliativmedizin, Suizid, Organspende oder Risiken des Klonens, Fragen also, die mit Leben und Tod zu tun haben, kommt in Ihren Antworten stets jene zweifache Wahrheit zum Ausdruck, die für Sie ganz wesentlich zu sein scheint: dass einerseits eine Geburt als Mensch kostbar und schwer zu erlangen ist und andererseits der Geist über den Tod des Körpers hinaus existiert.

Angesichts ethischer Fragen sollten wir unsere Einstellung zu Leiden und Tod klären und darüber nachdenken, dass die Geburt als Mensch eine kostbare und seltene Gelegenheit ist und alle Wesen wie wir Glück erlangen und Leiden vermeiden möchten.

Die buddhistische Praxis hat die Befreiung vom Leiden zum Ziel. Die Meisterin Khandro Rinpoche formuliert das so: »Der Buddhismus kann uns aus dem Kreislauf des Leidens befreien, sofern wir nicht an unserem Leid anhaften. Viele Praktizierende aber richten ihren Blick ständig auf ihre Gefühle, als ob diese ungeheuer wichtig wären. Sie spielen damit, bis sie sterben. Das vermittelt ihnen zwar das Gefühl zu existieren, doch Befreiung erlangt man auf diese Weise nicht. Mithilfe der buddhistischen Meditation lernen wir, unsere Emotionen umzuwandeln, sie zu meistern und schließlich hinter uns zu lassen. Dafür dürfen wir ihnen im Alltag aber nicht solch eine zentrale Stellung einräumen. Dieser Punkt wird von den meisten vernachlässigt. Anstatt die Emotionen einfach loszulassen, konzentrieren sie sich noch stärker darauf, sodass sie ihr Leben und ihren Geist vollständig beherrschen. Das heißt, die Lehre des Buddha falsch zu verstehen.«

Der Buddhismus fordert uns nicht auf, die Welt zu verändern. Vielmehr hilft er uns, unsere Wahrnehmung der Welt und unser Verhalten umzuwandeln, sodass wir verantwortungsbewusster werden und andere ins Zentrum unserer Aufmerksamkeit rücken.

Zu Beginn des 21. Jahrhunderts scheint es angebracht, sich ethischen Fragen von einer undogmatischen, ganzheitlichen

Warte aus zu nähern. Wir sollten jeweils über die kurz- und langfristigen Konsequenzen unseres Handelns nachdenken und uns dann, soweit möglich, für die Option entscheiden, die am wenigsten Leid für alle Beteiligten zur Folge hat. Gerade Mütter praktizieren dieses Verhalten häufig ohnehin spontan, wenn sie eine ethische Entscheidung zu treffen haben. Frauen haben eine direkte Beziehung zu allem Lebendigen, deshalb achten sie es grundsätzlich und widersetzen sich allen Formen unnötiger Gewalt gegen das Leben.

Eine großherzige, mitfühlende Haltung sich selbst und anderen gegenüber ist das Grundprinzip, aus dem sich alle weiteren ethischen Gebote ableiten.

Ethisches Verhalten steht im Mittelpunkt buddhistischer Philosophie und Praxis. Die buddhistische Ethik gründet sich auf Liebe, Mitgefühl und Gewaltlosigkeit. Ihr Ziel besteht darin, für das Wohl aller Wesen zu wirken. Es wird uns nahegelegt, allen Wesen mit Respekt zu begegnen, niemandem zu schaden und anderen kein Unrecht zu tun. Zudem sollten wir anderen nach Möglichkeit helfen, glücklich zu werden.

Ein weiterer wichtiger Aspekt buddhistischer Ethik ist, dass wir auch uns selbst gegenüber eine positive, wohlwollende Haltung einnehmen. Es ist schwer, ja im Grunde unmöglich, jemand anderen zu lieben und ihm zu helfen, wenn wir uns selbst nicht lieben. Das müssen wir als Tatsache akzeptieren, damit wir uns auch uns selbst gegenüber ethisch verhalten.

Eine großherzige, mitfühlende Haltung sich selbst und anderen gegenüber ist also das Grundprinzip, aus dem sich alle weiteren ethischen Gebote ableiten. Die Ethik sollte auch der Tatsache Rechnung tragen, dass das menschliche Leben ein kostbares Gut ist. Die meisten von uns haben das Glück, in ihren körperlichen und geistigen Fähigkeiten nicht eingeschränkt zu sein und sich daher mit der Praxis des Dharma, der Lehre Buddhas, auseinandersetzen zu können. Das sollten wir nutzen.

Unsere Absicht bestimmt den
ethischen Charakter unseres Verhaltens.

Unsere Absicht bestimmt den ethischen Charakter unseres Verhaltens. Unsere Motive sollten altruistisch, positiv, aufrichtig und ehrlich sein. Das ist der alles entscheidende Punkt. Eine »reine« Absicht wird sich früher oder später immer in einem Verhalten äußern, das dem Wohl der anderen dient.

Vor dem Hintergrund möglicher karmischer Folgen kommt der Absicht häufig sogar mehr Gewicht zu als der Handlung selbst. Wir alle kennen Personen, die nach außen hin als gute Menschen gelten, andere in Wirklichkeit aber nur ausnützen wollen. Manche Leute verhalten sich anderen Menschen gegenüber freundlich, machen diese aber hinter ihrem Rücken bei jeder Gelegenheit schlecht. Wieder andere verwenden zwar keine groben oder verletzenden Worte, hegen aber hasserfüllte Gedanken. Ein solches Verhalten ist pure Heuchelei. Diese Menschen haben die Absicht, anderen zu schaden. Und diese Absicht wird sich früher oder später in entsprechender Form äußern.

Die zugrunde liegende Absicht ist also der Prüfstein für die Aufrichtigkeit eines Menschen sowie für den Charakter seines Verhaltens. Sollen unsere Handlungen ethisch gut sein und Positives bewirken, müssen wir bei allem, was wir tun, fühlen, denken oder sagen, gründlich analysieren, welche Faktoren unter der sichtbaren Oberfläche am Werk sind.

Kein Mensch gleicht dem anderen, daher können wichtige
Entscheidungen von Person zu Person anders aussehen.

Da kein Mensch dem anderen gleicht, können wichtige Entscheidungen von Person zu Person anders ausfallen. Der Buddhismus hat keine allgemeingültigen Antworten auf Fragen zu Euthanasie, Abtreibung oder lebensverlängernden Maßnahmen parat. Vielmehr zählt, ob die Beteiligten ihre Entscheidung aus Mitgefühl, voller Respekt und Aufrichtigkeit treffen. Nur so können sie vermeiden, dass unnötiges Leid entsteht. Darüber hinaus empfiehlt es sich, die Konsequenzen der eigenen Entscheidung zu bedenken, indem man das Für und Wider gründlich abwägt.

Eine Abtreibung ist ein Akt der Gewalt, dennoch ist es in manchen Fällen besser, eine Schwangerschaft zu unterbrechen.

Im Falle von Euthanasie oder Abtreibung sollte man sich vor einer Entscheidung vor Augen führen, dass es dabei um die Beendigung eines Lebens geht. Die Beteiligten, die einen solchen Schritt erwägen, sollten daher ihre Motive gründlich prüfen. Das ist unerlässlich. Lässt man einen Sterbenden, der unter extremen Schmerzen leidet, aus finanziellen Gründen bis zum Ende leiden, so ist das nicht akzeptabel und hätte für denjenigen, der diese Entscheidung trifft, negative karmische Folgen.

Was das Ungeborene angeht, so lehrt der Buddhismus, dass der Fötus ab dem Augenblick der Empfängnis ein Bewusstsein besitzt. Bei einer Abtreibung wird das Leben des Fötus beendet, was aus buddhistischer Sicht somit der Tötung eines Menschen gleichkommt. Es handelt sich also um einen Akt der Gewalt. Bevor eine Frau sich zu diesem Schritt entschließt, sollte sie ihre Beweggründe sowie ihre soziale Situation sehr genau prüfen und abwägen, welche Konsequenzen das Austragen beziehungsweise Nichtaustragen des Kindes hätte. Hier eine Entscheidung zu treffen kann im Einzelfall äußerst schwierig sein, denn sie betrifft auch das künftige Glück des Ungeborenen. Im Falle einer Vergewaltigung oder im ganz anders gelagerten

Fall einer zu befürchtenden Missbildung oder Behinderung, die schwerwiegende Konsequenzen für das Kind hätte, könnte die Entscheidung, nicht abzutreiben, großes Leid für das Kind, seine Mutter oder die ganze Familie mit sich bringen. Es gibt daher Fälle, in denen es besser ist, eine Schwangerschaft zu unterbrechen, so zum Beispiel, wenn Gefahr für das Leben der Mutter besteht. Wie auch immer die Umstände aussehen mögen, letztlich sieht man sich vor die Entscheidung gestellt, ein Leben zu verlängern oder es zu beenden. Das ist in jedem Fall ein ernstes Problem. Niemand kann wirklich sagen, welche Konsequenzen eine solche Entscheidung hat.

Sechs Milliarden Menschen sind zu viel für diesen Planeten. Wir sollten ein System der Geburtenregelung finden.

Angesichts der begrenzten vorhandenen Ressourcen ist die Erde überbevölkert. Sechs Milliarden Menschen sind zu viel für diesen Planeten. Daher sollten wir ein System der Geburtenregelung in Betracht ziehen. Die Probleme aufgrund von Armut, Hunger und mangelnder Trinkwasserversorgung verschärfen sich. Das gefährdet nicht nur unsere Existenz als Menschen, sondern auch die von Pflanzen und Tieren und des gesamten Ökosystems. Um diese Entwicklung zu bremsen, sollte die Geburtenrate in bestimmten Ländern durch entsprechende Regelungen gesenkt werden. Den Frauen kommt im Umgang mit diesem Problem eine große Verantwortung zu.

Einige Religionen lehnen eine Geburtenkontrolle ab und berufen sich zur Begründung auf das, was ihre Lehre seit Jahrhunderten zum Thema der menschlichen Existenz verkündet. Doch wenn wir die Menschen und Tiere schützen wollen, die bereits leben, gibt es keinen vernünftigen Grund, eine Empfängnisverhütung zu verbieten. Wir müssen uns fragen, welche Folgen es hat, wenn Ideen zum Dogma erhoben werden, und welche Konsequenzen eine solche Haltung langfristig mit sich bringt.

Im Buddhismus vermeidet man extreme Positionen getreu einer Anweisung, die von Buddha selbst stammt: »Lösche selbst die Vorstellung ›Buddha‹ aus.« Der Buddha fordert uns mit diesen Worten auf, jedes Dogma und jedes gedankliche Konzept auf seinen Wahrheitsgehalt hin zu überprüfen. Erbrächte die moderne Wissenschaft den Nachweis, dass sich bestimmte Aussagen des Buddhismus über die Funktionsweise des Geistes nicht mit den Tatsachen decken, würde ich sofort aufhören, diese Dinge zu praktizieren oder zu lehren.

Vergänglichkeit bedeutet auch, dass alles relativ ist. Nichts ist von Dauer, nichts ist unabänderlich. Alles, was existiert, entwickelt sich ständig weiter. Wenn es dem Wohl der Mehrzahl der Wesen dient, müssen wir unsere Ansichten der Entwicklung anpassen. Entscheidend ist dabei, welche Absicht wir verfolgen. Wenn wir den sechs Milliarden Menschen, die momentan auf der Erde leben, durch eine Senkung der Geburtenrate zu mehr Glück und Wohlstand verhelfen können, dann gibt es keinen Grund, sich dem zu verweigern. Es ist wie immer alles eine Frage der Beweggründe, das gilt besonders für den Bereich der Wissenschaft.

Wenn wir die Fortschritte in der Genetik nutzen können, um Krankheiten zu heilen, sollten wir uns glücklich schätzen.

Wenn wir die Fortschritte in der Genetik nutzen können, um Krankheiten zu heilen, sollten wir uns glücklich schätzen. Missbrauchen wir die Erkenntnisse jedoch, um anderen zu schaden, dann ist dies ein Akt der Gewalt. Alles hängt von unserer Absicht und Einstellung ab.

Das Klonen halte ich für eine höchst gefährliche Angelegenheit. Es lässt sich nicht mit Bestimmtheit sagen, ob eine gute Absicht ausreicht, um das Klonen zu rechtfertigen. Unter Umständen stellt die Reproduktion bestimmter Zellen, speziell solcher pflanzlicher Herkunft, eine Lösung für das eine oder andere Problem dar. Klont man jedoch Tiere oder Menschen, um eine identische Kopie von ihnen herzustellen, so greift man in die natürliche Evolution mit all ihren Möglichkeiten ein.

Wer Organspender werden möchte,
sollte sich seiner Beweggründe bewusst sein.

Die buddhistische Ethik lehrt, dass wir Mitgefühl praktizieren und anderen helfen sollten, wann immer dies möglich ist.

Wenn im Buddhismus vom »Geben« die Rede ist, wozu ja auch das Spenden von Organen zählt, dann bezieht sich das auf die sogenannten »heilsamen Handlungen«, die uns erlauben, »Verdienste« anzusammeln, also geistige Qualitäten, die positives Karma erzeugen. Das setzt natürlich voraus, dass wir auf eine rechte und angemessene Art und Weise geben und mit unserer Gabe nicht etwa eigensüchtige Interessen verfolgen oder in den Augen der anderen »gut dastehen« wollen. Das würde nur unseren Stolz verstärken.

Organspenden schaffen – obwohl sie anonym erfolgen – eine Verbindung zwischen den Familien, die einen Angehörigen verloren haben, und den Patienten, die auf ein Spenderorgan warten. Ihr Weiterleben hängt von den Organspenden ab.

Grundsätzlich ist es positiv zu bewerten, wenn wir nach unserem Tod noch etwas tun können, um das Leiden von Kranken zu lindern und ihr Leben zu verlängern, da die menschliche Existenz kostbar ist.

Die Fortschritte der Wissenschaft erlauben es mittlerweile in vielen Fällen, das Leben von Sterbenden durch bestimmte Maßnahmen zu verlängern, was zum Teil mit beträchtlichen ethischen Problemen verbunden ist. Grundsätzlich ist es besser, einen Menschen sterben zu lassen, wenn seine Stunde gekommen ist, denn der Zeitpunkt des Todes steht mit seinem früheren Karma in Zusammenhang. Das Mitgefühl gebietet uns jedoch, alles zu tun, damit der Sterbende nicht leiden muss. Wenn die Medizin allerdings nicht mehr helfen kann, dann sollten wir diese Tatsache akzeptieren.

Passive Sterbehilfe muss eine Ausnahme bleiben. Diese Möglichkeit kann bei bestimmten Komapatienten in Betracht gezogen werden, wenn diese nur noch durch medizinische Apparate am Leben gehalten werden und diese Maßnahmen, speziell in Ländern, in denen die Kosten nicht übernommen werden, für die Angehörigen eine große finanzielle Belastung darstellen. Werden allerdings Atmung und andere physiologische Vorgänge aufrechterhalten, obwohl der Gehirntod bereits eingetreten ist, dann handelt es sich um eine völlig sinnlose künstliche Verlängerung des Lebens. Sie widerspricht dem natürlichen Lauf der Dinge, ist teuer und verursacht nur unnötiges Leid für alle Beteiligten.

Aus buddhistischer Sicht ist die innere Haltung im Moment des Todes von entscheidender Bedeutung.

Wenn ein Angehöriger im Sterben liegt und wir die Zeit haben, uns auf seinen Tod vorzubereiten, sollten wir unter allen Umständen dafür sorgen, dass er seine letzten Momente in einer friedlichen Atmosphäre voller Zuwendung verlebt. Es wird als sehr günstig angesehen, wenn man einem Menschen helfen kann, ruhig, friedlich und ohne Bedauern zu sterben.

Aus buddhistischer Sicht ist die innere Haltung im Moment des Todes von entscheidender Bedeutung. Sie hat großen Einfluss auf unser Karma und die folgenden Wiedergeburten. Im Augenblick vor dem Tod sollten wir positive Gedanken voller Liebe und Mitgefühl hegen und uns auf das Wohl der anderen Wesen ausrichten. Wir können auch bestimmte Meditationstechniken ausführen, die ein Meister uns vermittelt hat, wenn wir darin bereits geübt sind.

Einen Menschen im Augenblick seiner Geburt beziehungsweise seines Todes zu begleiten, ist der größte Dienst, den man ihm erweisen kann.

Einen Menschen im Augenblick seiner Geburt beziehungsweise seines Todes zu begleiten, ist der größte Dienst, den man ihm erweisen kann. Das gilt für den Moment des Todes noch weit mehr als für den Moment der Geburt: Wenn ein Mensch geboren wird, können wir nicht viel dazu tun. Stirbt ein Mensch hingegen, können wir ihn begleiten und ihm helfen, mit sich selbst und der Welt ins Reine zu kommen. Der Tod ist die Vorbereitung auf die nächste Geburt, die von dem Karma, das wir im Moment des Todes und im vorhergehenden Leben angesammelt haben, beeinflusst wird. Dieser Moment ist also von großer Bedeutung.

Der Dalai Lama über Mutter Teresa

An Menschen wie Mutter Teresa, die ihr Leben und ihre Energie ganz in den Dienst der Armen, Bedürftigen und Schwachen stellen, wird man sich immer voller Hochachtung erinnern. An ihr sieht man, was ein Mensch erreichen kann, der andere konsequent über die eigene Person stellt. Ob ein solcher Mensch es will oder nicht, alle, auch Fremde, lieben ihn, fühlen sich in seiner Nähe glücklich und empfinden ihm gegenüber ein Gefühl der Wärme.

Mutter Teresa war ein lebendes Beispiel für die Macht spiritueller Energie. Ich bin ihr 1988 am Flughafen von Delhi begegnet. Ihre Demut hat mich stark beeindruckt. Aus buddhistischer Sicht ist Mutter Teresa ohne Zweifel ein Bodhisattva. Sie hat ihren christlichen Glauben in die Tat umgesetzt, indem sie ihr Leben den Armen widmete. Ich weiß nicht, ob ich in der Lage gewesen wäre, zu tun, was sie getan hat.

ALS FRAU AUF DEM SPIRITUELLEN PFAD

Eure Heiligkeit,
es gibt bestimmte Fragen, die westliche Buddhistinnen immer
wieder beschäftigen. Zum Beispiel, aus welchen Beweggrün-
den wir uns eigentlich für diesen Weg entschieden haben: War
es aus Verehrung für Sie, die Sie uns ein Vorbild an Weisheit
und einer auch für Laien lebbaren Spiritualität sind? Häufig
fragen wir uns, wie sich unsere spirituelle Praxis konkret ge-
stalten soll und ob es angebracht ist, die buddhistischen Riten
an westliche Verhältnisse anzupassen – oder nicht.

Rituale tragen stets den Stempel der Kultur, in der sie ent-
standen sind. Zudem sind die verwendeten Ritualtexte in der
Sprache ihres Herkunftslandes oder in Sanskrit verfasst und
daher für westliche Buddhisten ohne Übersetzung nicht ver-
ständlich. Kann man diese Texte übersetzen, ohne Gefahr zu
laufen, dass damit die spirituelle Dimension verloren geht,
die sich hinter den Worten verbirgt? Interessant ist, was Ani
Patchen, eine tibetische Prinzessin, die mehr als 20 Jahre in
chinesischen Gefängnissen misshandelt und nach ihrer An-
kunft in Indien Nonne wurde, zu diesem Thema sagt: »*Ritu-*
ale sind nicht einfach exotisches Beiwerk. Sie haben eine tiefe
Bedeutung. Ihre Essenz besteht darin, jede Anhaftung an eine
Ich-Vorstellung beziehungsweise an die inhärente Existenz der
Erscheinungen aufzulösen. Das hat weitreichende Auswirkun-
gen darauf, wie viel beziehungsweise wenig Bedeutung wir den
gewöhnlichen Obliegenheiten unserer Existenz zumessen.«

Für welche Form der Praxis und für welche buddhistische Tradition wir uns auch immer entscheiden, eines muss uns dabei klar sein: Die Beziehung zu einem Lehrer steht in jeder Tradition im Mittelpunkt. Der Lehrer ist die Verkörperung des Weges, er ist der Beweis, dass wir den Weg gehen und positive Resultate erzielen können. Er zeigt uns, wie wir unser Leben konsequent führen und was wir tun müssen, damit unser Denken und Sein sich in unserem Tun widerspiegelt. Der Lehrer ist für seine Schüler so etwas wie eine spirituelle Hebamme. Dies ist eine starke, einzigartige, sehr persönliche und intime Erfahrung. Die Lehrer-Schüler-Beziehung, wie sie im Buddhismus gepflegt wird, unterscheidet sich enorm von den Beziehungsmodellen, die wir normalerweise kennen. In Asien ist es gang und gäbe, sich einem Lehrer anzuvertrauen, sei es in der traditionellen Medizin, in der Kalligrafie oder im Bereich der Spiritualität. Ein Lehrer darf aufgrund seiner Funktion nur eine neutrale, keinesfalls also eine sexuelle Beziehung zu seinen Schülern unterhalten. Die Liebe eines Meisters gegenüber seinen Schülern ist bedingungslos und frei von sexuellen Untertönen.

Es kann zu keiner authentischen Lehrer-Schüler-Beziehung kommen, wenn die Hauptaufgabe des Lehrers darin besteht, »emotionale Löcher« bei seinen Schülern zu stopfen. Andererseits sind die Länder im Westen als emotionales Notstandsgebiet zu bezeichnen. Insofern stellt sich mit einer gewissen Dringlichkeit die Frage, wie der Buddhismus mit Neurosen und anderen psychischen Störungen umgeht. Manche Frauen – ja sogar die überwiegende Mehrheit der Frauen in den buddhistischen Zentren – verwechseln den Buddhismus mit einer Art Psychotherapie und die Befreiung vom Leiden mit Erlösungs-Wellness. Khandro Rinpoche, eine der wenigen tibetischen Meisterinnen, sagt zu diesem Thema: »Wenn Sie Kopfschmerzen haben, sollten Sie eine Kopfschmerztablette

nehmen. Wenn Sie an irgendeiner anderen Krankheit leiden,
sollten Sie sich der entsprechenden Behandlung unterziehen.
Die Lehren des Buddha sind nicht dazu gedacht, den Geist zu
therapieren, sondern ihn so umzuwandeln, dass unsere Bud-
dhanatur zum Vorschein kommt. Wenn Sie so viele psychische
Probleme haben, dass Sie den Weg des Buddha nicht gehen
können, dann bringen Sie diese vorher in Ordnung. Danach
können Sie mit dem Studium des Weges beginnen. Alles zu
seiner Zeit.«

Und sie führt weiter aus: » Werden die buddhistischen Leh-
ren kurzfristig zu therapeutischen Zwecken benutzt, um ein
bestimmtes Problem in den Griff zu bekommen, und weiß
man, was man tut und warum, so ist das in Ordnung. Doch
wenn man den Buddhismus nur als Psychotherapie sieht, ver-
steht man die Lehre des Buddha falsch. Der Buddhismus geht
weit über solche Dinge hinaus. Es ist nicht leicht, in dieser Welt
zu leben. Die buddhistische Praxis beziehungsweise Meditati-
on besteht in gewisser Weise auch darin, gegen den Strom zu
schwimmen. Man bemüht sich, Dinge nicht zu tun, die man
spontan machen würde. Wir dürfen uns nicht hinter einer
spirituellen Fassade verstecken, um dahinter unsere Neuro-
sen zu pflegen. Eine wahre Spiritualität ermöglicht uns, das
freizulegen, was wir in Wirklichkeit sind: gut, unkompliziert
und liebevoll – das ist es, wozu uns jede Form der Spiritualität
ermutigt.«

Buddhistisch zu leben bedeutet also nicht, an unseren emo-
tionalen Problemen festzuhalten, sondern ganz im jetzigen
Augenblick zu sein. Zunächst müssen wir uns von unseren
frühkindlichen Verletzungen befreien. Das bedeutet nicht, dass
wir sie künftig einfach ignorieren, sondern dass wir nicht
mehr an ihnen anhaften und uns wie Erwachsene verhalten.
Doch die Kunst des Nichtanhaftens zu erlernen, wenn man
eine berufstätige Mutter ist und daher nur wenig Zeit für die

Praxis hat, ist alles andere als leicht. Wollen wir möglichst viel Zeit mit unseren Kindern verbringen, so geht das auf Kosten der Zeit, die uns zum Üben bleibt. Mit Familie und Beruf im Hintergrund ist es häufig schwierig, sich von der Welt zurückzuziehen und sich der Praxis des Dharma zu widmen. Der Mönch Matthieu Ricard sagt dazu Folgendes: »Das hat nichts mit Egoismus zu tun oder dem Wunsch, dem Alltag mit all seinen Verpflichtungen und seiner Hektik zu entfliehen. Man zieht sich wie ein verletztes Tier zurück, um seine Wunden zu pflegen, nur handelt es sich bei diesen Wunden in unserem Fall um Verwirrung, Zerstreutheit, Unwissenheit und Geistesgifte wie Hass, Abneigung und obsessive Gedanken, die ständig unseren Geist überfluten. Wir müssen erst uns selbst verändern, damit wir durch rechtes Verhalten positiv auf unsere Umwelt einwirken können.«

Es steht fest, dass wir Frauen in puncto spiritueller Praxis vor ganz anderen Problemen stehen als Männer. Sie versichern uns zwar, Eure Heiligkeit, dass der Weg für alle gleich ist. Dennoch stellt sich die Realität in bestimmten buddhistischen Ländern, auch in Tibet, ganz anders dar: Traditionell erhielten die Männer spirituelle Unterweisungen, während die Frauen davon ausgeschlossen waren. Bei dieser Gelegenheit sei darauf hingewiesen, dass der Buddhismus im Westen für einige ein Konsumartikel wie jeder andere ist, und daher die Gefahr besteht, dass seine Traditionen verfälscht werden. Eine Gefahr, die praktizierenden Buddhistinnen sehr wohl bewusst ist und die sie nach Kräften abzuwehren suchen, weil sie die Lehre und deren Werte, die ihnen zum Wohle ihrer Lieben so wichtig sind, bewahren wollen.

Der Buddhismus kann uns als gewaltfreie Religion
Wege aufzeigen, das Leben solidarischer
und verantwortungsvoller zu gestalten.

Der Buddha, der auch als der »Große Arzt« bezeichnet wird, hat die Wahrheit vom Leiden und von der Beendigung des Leidens gelehrt sowie Mittel und Wege aufzeigt, wie sich die Wesen vom Leiden befreien können. Die Grundprinzipien des Buddhismus sind universell gültig. Wir alle erfahren das Leid von Geburt, Krankheit, Alter und Tod. Wir alle wünschen uns, davon frei zu sein. Manche Menschen im Westen finden im Buddhismus die Antwort auf ihre existenziellen Fragen. Sie praktizieren entschlossen seine Lehren, weil sie lernen möchten, ihre Emotionen zu meistern, sich von ihrer grundlegenden Unwissenheit zu befreien sowie das Glück und seine Ursachen für sich selbst und andere zu erlangen. Der Buddhismus kann uns als gewaltfreie Religion Wege aufzeigen, das Leben solidarischer und verantwortungsvoller zu gestalten. Frauen sind sehr aufgeschlossen für diesen pragmatischen Ansatz, der den Alltag mit der spirituellen Praxis verbindet. Auf diesem Weg können sie ein gutes Herz und eine selbstlose Haltung entwickeln und ihren Beitrag für eine positive Veränderung der westlichen Gesellschaft leisten. Das zumindest ist mein Wunsch.

Dennoch muss gesagt werden, dass nicht jede Religion für alle Menschen gleichermaßen geeignet ist. Wir brauchen daher eine Vielfalt von Religionen, damit jeder derjenigen folgen kann, die seiner Veranlagung am besten entspricht. Das ist ein bisschen so, als würden wir eine Speisekarte studieren. Wir wählen ein Gericht aus, das uns am meisten zusagt. Der einzige Unterschied besteht darin, dass wir bei der Wahl unserer Religion nicht aus einer momentanen Stimmung heraus entscheiden sollten.

Die Praxis der Lehren des Buddha
ist keine Beschäftigung unter vielen.

Die Praxis der Lehren des Buddha dient nicht der Unterhaltung. Sie ist keine »weltliche« Beschäftigung unter vielen. Vielmehr ist sie wie ein Spiegel, der Ihnen genau zeigt, an welchem Punkt des Weges Sie stehen. Alles, was Sie sagen oder tun, Ihre Gedanken und Emotionen, Ihre Art, die Lehren zu praktizieren, spiegelt wider, was Sie im Grunde Ihres Wesens sind. Wenn Sie diese Dinge aufmerksam beobachten, werden Sie Ihre Fehler erkennen und sich Stück für Stück davon freimachen, sodass Ihr Verhalten mit Ihren Überzeugungen oder zumindest mit den buddhistischen Prinzipien, die Sie vertreten, übereinstimmen.

Unsere innere Entwicklung ist keine
leichte Aufgabe, die sich von selbst erledigt.

Frauen versuchen häufig, alles, was sie gehört haben, sofort in die Praxis umzusetzen. Sie sind einfach pragmatisch veranlagt. Etwas zu praktizieren heißt, dass man das Gehörte unmittelbar anwendet, um die Anweisungen, die man bekommen hat, auszuprobieren und auf ihren Wahrheitsgehalt zu prüfen. Dafür benötigt man natürlich Zeit. Wir sind ja keine Maschinen oder Computer, die sofort alle Daten verarbeiten, mit denen man sie füttert. Unsere innere Entwicklung ist keine leichte Aufgabe, die sich ohne unser Zutun von selbst erledigt. Es kommt vielmehr auf unseren Einsatz an. Jede Entwicklung erfordert Zeit und erstreckt sich über zahlreiche Existenzen. Wie sie verläuft, hängt von unserem Karma aus früheren Leben ab. Ein tibetisches Sprichwort sagt: »Wenn du wissen willst, was du in der Vergangenheit gewesen bist, dann sieh dir an, was du jetzt bist. Wenn du wissen willst, was du in der Zukunft sein wirst, dann sieh dir an, was du jetzt tust.« Das eine hängt mit dem anderen zusammen. Niemand kann unsere Erfahrungen stellvertretend für uns machen. Die Verantwortung für das, was wir in der Zukunft sein werden, liegt ganz bei uns.

Sie sollten eine klare Vorstellung vom Pfad und von dem Ziel haben, zu dem er führt.

Viele Menschen, die sich entschließen, die Lehren Buddhas zu praktizieren, aber mit zu hohen Erwartungen an die Sache herangehen, vielleicht sogar glauben, der Buddhismus sei leichte Kost mit einem Schuss Magie, der auf einen Schlag all ihre Probleme lösen wird, hören mit der Praxis früher oder später wieder auf, weil sie nicht die rechte Motivation haben. Wenn Sie nicht auf halber Strecke aufgeben wollen, sollten Sie eine klare Vorstellung vom Pfad und von dem Ziel entwickeln, zu dem er führt. Vor einer Reise holen Sie schließlich auch Erkundigungen über die Route und die Reisebedingungen ein und überlegen, wie viel Zeit Sie vermutlich brauchen werden. Mit einer spirituellen Reise verhält es sich nicht anders. Sie sollten mit der gleichen Gründlichkeit zu Werke gehen.

Geistiger Fortschritt ist das Ergebnis regelmäßiger Anstrengung.

Ich wurde in Tibet geboren, in einer Familie und einem Land, die im Wesentlichen buddhistisch waren. Ich war noch sehr jung, als ich als Reinkarnation des 13. Dalai Lama erkannt wurde. Ich kann also behaupten, dass ich eine sehr gründliche buddhistische Erziehung genossen habe und alle Möglichkeiten der Welt hatte, mir die Praxis und Lehren des Buddhismus anzueignen.

Rückschauend kann ich sagen, dass sich meine geistigen Fortschritte und meine innere Entwicklung schrittweise eingestellt haben und auf vielen Jahren beständiger Praxis beruhen. Darauf muss man sich einstellen, wenn man Veränderungen erreichen will. Vergleicht man sich später mit dem Menschen, der man früher war, stellt man fest, dass man Fortschritte gemacht hat und dass es die Mühe wert war. Geistiger Fortschritt ist das Ergebnis regelmäßiger täglicher Anstrengung. Mütter wissen genau, wie lange es dauert, bis ihre Kinder all die Dinge verinnerlicht haben, die ihnen helfen, als Erwachsene ein sinnvolles Leben zu führen. Genauso verhält es sich mit der spirituellen Entwicklung.

Die Menschen im Westen behaupten häufig,
dass sie keine Zeit für die Meditation finden.

Wir müssen die Methoden, die uns der Buddhismus aufzeigt, regelmäßig anwenden, um Ergebnisse zu erzielen. Doch die Menschen im Westen entschuldigen ihre mangelnde Beharrlichkeit häufig damit, dass sie keine Zeit für die Meditation finden, etwa weil der Beruf sie zu viel Kraft und Zeit kostet. Dennoch finden sie die Muße für Spaziergänge, Kinobesuche, Wochenendausflüge und Urlaub. Es ist meine tiefe Überzeugung, dass wir immer Mittel und Wege finden, wenn wir etwas wirklich tun wollen. Es ist schlichtweg eine Frage der Motivation. Wenn wir uns wirklich verändern und vom Leiden befreien wollen, wenn wir wirklich bessere Menschen werden und nicht mehr von unseren negativen Emotionen beherrscht werden wollen, dann werden wir auch Zeit zum Meditieren finden.

Man muss nicht der Gesellschaft den Rücken
kehren, um dem Pfad des Buddha zu folgen.

Sie müssen weder der Gesellschaft den Rücken kehren noch Ihren Beruf aufgeben, um dem Pfad des Buddha zu folgen. Durch Ihre Praxis werden Sie einen nachhaltigen Einfluss auf die Menschen in Ihrem Umfeld haben. Zu meditieren und gleichzeitig die eigenen beruflichen und familiären Verpflichtungen zu erfüllen, beansprucht viel Zeit. Ich selbst versuche meinen Aufgaben, so gut es geht, gerecht zu werden, auch wenn ich kein »Familienoberhaupt« bin. Ich bemühe mich jeden Tag darum, zu meditieren und gleichzeitig auch etwas für andere zu tun. Steht man ganz normal im Leben, ist es das Wichtigste, eine gute Absicht zu entwickeln und sie während der täglichen Aktivitäten aufrechtzuerhalten. Nehmen Sie sich jeden Morgen vor, bei Ihrer Arbeit und bei allem, was Sie während des Tages tun, zum Wohle aller Wesen zu handeln. Bevor Sie sich abends schlafen legen, überprüfen Sie, ob Sie sich entsprechend Ihrem Vorsatz verhalten haben. Widmen Sie morgens und abends wenigstens eine halbe Stunde der Meditation. Während der Arbeit erinnern Sie sich an Ihre eigentliche Absicht. Auf diese Weise sollten Sie Ihre tägliche Praxis im Wesentlichen gestalten.

Sie können also Ihren Geist umwandeln und trotzdem weiterhin Ihren Beruf ausüben, eine Familie haben und Ihren Beschäftigungen und täglichen Verpflichtungen nachgehen. Das

Resultat ist dasselbe, als hätten Sie keinerlei Verpflichtungen und lebten an einem zurückgezogenen Ort wie beispielsweise einer Bergklause. Ob sich der Zustand Ihres Geistes ändert, ob Sie Liebe und Mitgefühl entwickeln und sich menschlich wandeln, hängt in erster Linie von Ihrer Entschlossenheit ab. Um diese zu stärken beziehungsweise zu erwecken, sollten Sie den Blick nach innen richten und erforschen, durch welche Mittel es möglich ist.

Das mag zunächst ein bisschen schwierig sein. Doch mit der Zeit gewinnt Ihr Wille, diesen Weg weiterzugehen, an Kraft. Ihre Absicht wird beständiger und stärker. Sie verändern sich, und das spiegelt sich in Ihrem Verhalten und der Art und Weise, wie Sie anderen begegnen, wider. Schließlich fällt es Ihnen immer leichter, Ihren Geist in jedem Augenblick umzuwandeln.

Im Westen fühlen sich viele Frauen
vom Buddhismus angezogen.

Im Westen interessieren sich viele Frauen für den Buddhismus. Daran ist nichts Außergewöhnliches. Der Buddhismus stellt das Mitgefühl in den Mittelpunkt der menschlichen Existenz. Mitgefühl ist eine ausgesprochen weibliche Qualität. Daher ist es nur natürlich, dass Frauen sich von dieser Tradition angezogen fühlen. Außerdem suchen Frauen wie alle Menschen das Neue. Und schließlich kann man sich auch im spirituellen Bereich für Neues interessieren.

Einer Religion zu folgen, welche es auch
sein mag, bedeutet, dass man sich Mühe gibt.

Seinen Geist umzuwandeln, innere Fortschritte zu erzielen und
Qualitäten wie liebende Güte und Mitgefühl zu entwickeln erfordert Zeit. Wir brauchen Mut, Geduld und Disziplin, damit
wir unser Ziel erreichen. Das ist nicht immer leicht. Manche
Menschen im Westen sind ständig auf der Suche. Sie durch-
forsten alle spirituellen Traditionen, um Antworten auf ihre
existenziellen Fragen zu finden. Sie flattern von einer Religion
zur nächsten und suchen stets neue Erfahrungen. Sie stürzen
sich auf eine Lehre, nur um sich von ihr abzuwenden, sobald
sie mit den damit verbundenen Verpflichtungen konfrontiert
werden. Auf diese Weise werden Religion und Buddhismus
zum x-beliebigen Konsumartikel umfunktioniert. Ein solches
Verhalten führt zu nichts: denn einer Religion zu folgen, welche es auch sein mag, bedeutet, dass man sich Mühe gibt. Man
kann sich nicht aus einer plötzlichen Laune heraus für eine
bestimmte spirituelle Tradition entscheiden. Daher sollte man
sich viel Zeit zum Nachdenken nehmen. Schließlich betrifft
eine solche Entscheidung das ganze Leben.

Die positiven Eigenschaften des Geistes sind
keine Güter, die man mal schnell im Laden kauft.

Die Menschen im Westen sind häufig sehr ungeduldig. Sie
wollen alles sofort haben. Doch die positiven Eigenschaften
des Geistes sind keine Güter, die man mal schnell im Laden
kauft. Nach allem, was ich bisher beobachten konnte, möchte
ich den Menschen raten, bei ihrer Religion zu bleiben und nur
bestimmte Methoden, die der Buddhismus lehrt, zu praktizieren. Ein altes tibetisches Sprichwort sagt: »Das Gewand zu

wechseln ist nutzlos, man muss sein Herz ändern.« Geben Sie deshalb Ihre Religion nicht so mir nichts, dir nichts auf. Eile war noch nie ein guter Ratgeber. Alle Religionen verfolgen das gleiche Ziel: zu lernen, anderen zu helfen und seinem Nächsten zu dienen. Was zählt, ist, andere glücklich zu machen. Dazu muss man nicht die Religion wechseln.

Manchmal ist es schwer, einen
guten spirituellen Lehrer zu finden.

Wenn Sie sich entschlossen haben, Buddhist zu werden, sollten Sie, um in den Genuss der versprochenen Resultate zu kommen, den kundigen Rat eines qualifizierten spirituellen Lehrers einholen.

Seitdem die Lehren des Buddhismus und des Hinduismus in den Westen gekommen sind, treten Legionen von Gurus jeder Art auf, und es ist manchmal schwer, einen guten spirituellen Lehrer zu finden. Daher kann ich nur wiederholen, was ich diesbezüglich schon mehrfach gesagt habe: Zur Suche nach der Wahrheit gehört auch ein gutes Maß an kritischer Vernunft. Setzen Sie bei der Wahl Ihres Lehrers Ihren gesunden Menschenverstand ein und prüfen Sie seine Einstellung und sein Verhalten sehr gründlich. Übernehmen Sie nicht blindlings religiöse beziehungsweise philosophische Lehren der Tradition, der Sie folgen möchten, sondern bilden Sie sich Ihre eigene Meinung. Wenn möglich, sollten Sie sich bei Ihrer Entscheidung auch auf den Rat von Freunden stützen, die der Lehre bereits folgen. Besorgen Sie sich alle Informationen, die Sie brauchen, um die richtige Entscheidung zu treffen.

Eine falsche Praxis kann schwerwiegende
psychische Probleme zur Folge haben.

Menschen, die auf Sektenführer hereinfallen, besitzen nicht genügend Urteilskraft, die blumigen Ausführungen dieser selbsternannten Gurus auf ihren Wahrheitsgehalt hin zu prüfen, und geben jede Selbstbestimmung aus der Hand.

Im Laufe der letzten Jahrzehnte sind im Westen viele esoterische Strömungen entstanden, die sich – wie die New-Age-Bewegung – auf den Buddhismus berufen. Diese Strömungen vermischen wahllos alle möglichen religiösen Traditionen. Ähnliches geschieht mit dem Tantra, mit Yoga und Qi Gong. Man sollte diesbezüglich große Vorsicht walten lassen. Eine falsche Praxis kann schwerwiegende psychische Probleme zur Folge haben.

Dem spirituellen Lehrer kommt eine entscheidende
Rolle bei unserer Verwirklichung zu.

Gleich welcher Tradition oder Disziplin man folgt, man braucht immer einen authentischen Lehrer, der seinen Schülern die Lehren Stufe um Stufe ihrem Verständnis entsprechend vermitteln kann. Ein spiritueller Lehrer muss hinreichend qualifiziert sein und seinen eigenen Geist gemeistert haben, bevor er Schüler lehrt, wie sie ihren Geist disziplinieren können. Ein spiritueller Lehrer muss also durch regelmäßige Praxis und gründliches Studium der Lehren einen gewissen Grad an Verwirklichung erreicht haben, denn schließlich kommt ihm eine entscheidende Rolle bei unserer eigenen Verwirklichung zu. Sein Grad der Verwirklichung lässt sich an seinem Verhalten ablesen sowie daran, wie er seine Emotionen meistert. Auch das Verhalten seiner Schüler und Schülerinnen lässt gewisse Rückschlüsse darauf zu, ob er selbst praktiziert, was er lehrt.

Ein spiritueller Lehrer muss eine
Autorität in den drei Schulungen sein.

Wenn Sie sich für einen spirituellen Lehrer entschieden haben, müssen Sie ihm gegenüber ein gebührendes Maß an Vertrauen und Respekt entwickeln und seinen Anweisungen folgen. Sie sollten das jedoch nicht blindlings tun, sondern Ihren gesunden Menschenverstand dabei einsetzen. So sollten Sie beispielsweise keinen Rat von Ihrem Lehrer annehmen, der sich nicht mit dem Dharma*, mit den grundlegenden Gedanken der Lehre Buddhas, deckt. Wenn er etwas lehrt, was der Lehre Buddhas widerspricht, sollten Sie es nicht einfach übernehmen und zumindest eine Erklärung verlangen. Kann der Lehrer Ihnen keine überzeugende Erklärung geben, sollten Sie seine Anweisung auch nicht befolgen.

Ein spiritueller Lehrer muss eine Autorität in den drei Schulungen sein, denen sich ein Schüler unterziehen muss: Ethik, Meditation und Weisheit. Sein Verhalten muss mit diesen drei Schulungen übereinstimmen. Der Lehrer muss Ihre Fragen direkt beantworten und Ihre Zweifel ausräumen können. Sein äußeres Erscheinungsbild muss ebenso wie sein Verhalten den Zustand des Erwachens widerspiegeln, den er auf allen Ebenen verwirklicht hat.

Ein Sprichwort lautet: »Den Tiger erkennt man an seinen Streifen, doch die Streifen des Menschen sind unsichtbar.« Die »Streifen« des Lehrers lassen sich jedoch indirekt an der Art erkennen, wie er mit anderen Menschen umgeht.

Ein kundiger und disziplinierter Meister ist seinen Schülern gegenüber großzügig. Er weiß, wann er mit ihnen reden muss, um herauszufinden, welche Emotionen ihnen am stärksten zusetzen. Das kann zum Beispiel Stolz sein, Aggression, sexuelles Verlangen oder Verwirrung. Der Lehrer begegnet bestimmten Schülern möglicherweise ausgesprochen freundlich, anderen dagegen eher streng. Er kann die einen loben und die anderen schimpfen. Aber sein Verhalten muss stets durch Nächstenliebe motiviert sein.

Schwester Emmanuelle[3] *über den Dalai Lama*
Ich habe mich sehr darüber gefreut, dass der Dalai Lama nach Frankreich gekommen ist. Ich bewundere ihn sehr, doch mit politischen Themen befasse ich mich wenig. Was mich interessiert, ist seine Persönlichkeit. Die Tibetfrage beschäftigt mich nicht. Ich bedaure allerdings, dass Tibet kein freies Land ist ... Es ist wirklich gut, dass der Dalai Lama hierhergekommen ist. Er bringt uns eine wunderbare Botschaft und macht uns Mut. Er weiß, worauf es im Leben ankommt. Er wird nicht müde zu betonen, dass wir alles Irdische hinter uns lassen und weitergehen müssen.

---

3 Schwester Emmanuelle (1908–2008) war eine belgisch-französische Ordensschwester, die jahrelang zusammen mit den Müllkindern in den Slums von Kairo lebte und mit ihrer Hilfsorganisation »Association Sœur Emmanuelle« bedürftige Menschen in verschiedenen Ländern unterstützte.

Eure Heiligkeit,
jede Religion besitzt zwei Aspekte, die einander ergänzen,
auch wenn ihre Regeln voneinander abweichen. Die erste ist
ihre »exoterische«, also nach außen gewandte Seite. Diese um-
fasst die öffentliche Seite einer Religion beziehungsweise die
Aspekte, die ihre Vertreter nach außen hin sichtbar machen,
wie zum Beispiel die verschiedenen Massenrituale. Die Regeln,
die in diesem Bereich das Verhältnis von Männern und Frauen
bestimmen, bilden häufig eins zu eins die in der Gesellschaft
herrschenden Verhältnisse ab. Je nach Land und kulturellen
Gepflogenheiten können hier also Ungleichheiten zwischen
den Geschlechtern bestehen.

Beim anderen, »esoterischen« Aspekt der Religion geht es
um die Hinwendung nach innen. Auf dieser Ebene, die in der
Öffentlichkeit weniger dominant ist, sind Frauen und Männer
gleichgestellt, egal welcher religiösen Tradition sie angehören.

Nach außen hin dominieren also für jeden sichtbar männ-
liche Maßstäbe. Nach innen aber, in den verborgenen Tiefen
der Rituale und der inneren Schau, gilt das Prinzip der Eben-
bürtigkeit von Mann und Frau. Die Religion spiegelt oft die
gesellschaftliche Stellung bestimmter Gruppen zu einem be-
stimmten Zeitpunkt der Geschichte wider. Das sollte man im
Hinterkopf behalten, wenn man die Stellung der Nonnen in
manchen buddhistischen Ländern verstehen möchte.

In früheren Zeiten kümmerte sich der »weltliche« Teil der tibetischen Gesellschaft kaum um das Schicksal der Mädchen im Allgemeinen und der Nonnen im Besonderen: Ihre Lebensbedingungen waren oft erschreckend schlecht. Viele konnten nicht einmal ihren Namen schreiben. Die meisten dienten ihren Familien oder den Mönchen als Magd und erhielten weder Belehrungen noch Einweihungen. In einem Sprichwort aus dem »Land des Schnees« heißt es: »Willst du einen Meister, so mache deinen Sohn zum Mönch. Willst du eine Magd, so mache deine Tochter zur Nonne.«

Seit Jahren versuchen Sie, Eure Heiligkeit, alles zu tun, damit sich diese Situation verbessert. Ihr Status als »lebende Gottheit«, die Verehrung und der Respekt, die Ihre Landsleute Ihnen entgegenbringen, das Vertrauen, das sie in Sie haben, gestatten Ihnen, mit alten Überlieferungen zu brechen und viele überkommene Vorstellungen Ihres Volkes infrage zu stellen.

Darüber hinaus stoßen Ihre Äußerungen als Träger des Friedensnobelpreises bei bestimmten Vertretern des Mahayana- und des Theravada-Buddhismus auf offene Ohren, da durch Sie das Bewusstsein entstand, dass die Verteidigung der Menschenrechte (in Ländern wie Kambodscha, Burma usw.) nicht ohne den gleichzeitigen Kampf für die Frauenrechte zu erreichen ist.

Dennoch werden buddhistische Nonnen in manchen Ländern nach wie vor schlechter behandelt und haben ein geringeres Ansehen als Mönche. Einer der Gründe hierfür ist die Tatsache – die »chauvinistisch angehauchte« Religionsvertreter nicht selten ins Feld führen –, dass die Anzahl der Ordensregeln, die der Buddha erlassen hat, für Nonnen weit größer ist als für Mönche. Doch wer so argumentiert, übersieht, dass der Buddha stets die Ebenbürtigkeit von Mann und Frau betont hat und dass diese in den meisten Traditionen des tibetischen Buddhismus respektiert wird.

Ich selbst bin seit mittlerweile mehr als 30 Jahren Buddhistin und habe über zehn Jahre lang für das französische Fernsehen die weltweit erste, wöchentlich ausgestrahlte Fernsehsendung zum Thema Buddhismus moderiert. Ich habe nie auch nur das geringste Anzeichen von Diskriminierung seitens tibetischer Lehrer oder ihrer Schüler wahrgenommen. Ich war sogar ausgesprochen stolz darauf, dieser durch und durch »gleichberechtigten« Tradition anzugehören, für die es überhaupt kein Problem darstellte, dass eine vom modernen Lebensstil geprägte Frau jeden Sonntag im Fernsehen so etwas wie eine »Vermittlerrolle« zwischen den traditionellen Lehrern des Buddhismus und den Fernsehzuschauern einnahm.

Der Buddhismus ist für mich daher eine unbestreitbar moderne, zeitgemäße und universelle Religion, die sich der Gleichberechtigung verschrieben hat. Aber da der männliche Teil der Bevölkerung sich im Laufe der Jahrhunderte nicht immer diesem Geiste entsprechend verhalten hat, betonen Sie immer wieder, wie wichtig es ist, die Rechte der Frauen unter allen Umständen zu respektieren. »Man muss«, wie meine buddhistische Freundin Marie-Stella einmal gesagt hat, »unterscheiden – zwischen dem Buddha und seiner Lehre und denjenigen, die sich darauf berufen, aber nicht die gleiche ›Qualifikation‹ besitzen wie der Buddha selbst. Darum heißt es wachsam sein und seine Lehrer und Freunde im Dharma mit Umsicht auswählen, ganz so, wie der Buddha es gelehrt hat. Ich würde mir wünschen, dass die Lehren des Buddha gewissenhaft umgesetzt werden und ihre Vielschichtigkeit gleichzeitig akzeptiert wird.«

*Nach ihrer Ordination haben Mönche
und Nonnen die gleichen Rechte.*

Es steht außer Zweifel, dass die Frau in Tibet früher eher gering geachtet wurde. Wie in vielen anderen Ländern auch be-
saßen die Männer eine klare Vormachtstellung gegenüber den
Frauen. Im Laufe der Zeit änderten sich die Verhältnisse zwar,
sodass die Lage der Frau heute besser ist, doch was erreicht
wurde, genügt noch nicht. Es besteht immer noch Handlungs-
bedarf.

Im Buddhismus, speziell im Mahayana-Buddhismus und
im Vajrayana, werden Mann und Frau prinzipiell als ebenbürtig betrachtet. Nach ihrer Ordination haben Mönche und
Nonnen die gleichen Rechte und auch die gleichen Pflichten.
Diese Gleichstellung gilt für Tibet in noch viel höherem Maße,
denn die Ausbreitung des Buddhismus ist dort vor allem den
Gattinnen von König Songtsen Gampo zu verdanken, einer
Tibeterin und einer Nepalesin. Die Tibeter verehren zudem mit
großer Hingabe Tara, die weibliche Gottheit des Mitgefühls,
die Frieden, Sicherheit, Trost und Schutz gewährt. Sie trägt den
Beinamen »Mutter aller Buddhas« und ist eine der höchsten
Gottheiten des tibetischen Buddhismus. Ihr Mitgefühl gegen-
über den fühlenden Wesen ist grenzenlos. Um zu zeigen, dass
Frauen denselben Verwirklichungsgrad erreichen können wie
Männer, fasste sie den folgenden Entschluss: »Ich will Bud-
dhaschaft erlangen, und ich werde dies im Körper einer Frau

tun!« Diesen Entschluss setzte sie auch erfolgreich um. Ferner sei noch erwähnt, dass bestimmte buddhistische Texte wie zum Beispiel das Herz-Sutra die spirituelle Gleichheit von Mann und Frau als unstrittige Tatsache erachten.

Was die klösterlichen Gelübde angeht,
so gibt es keine Rangunterschiede.

In den buddhistischen Belehrungen zu Ethik und klösterlicher Disziplin heißt es, dass alle Praktizierenden, ob Mann oder Frau, als gleich zu betrachten sind. Es lassen sich auch keinerlei schriftliche Belege finden, wonach die Gelübde, die ein Mann ablegt, in irgendeiner Weise als höherwertig zu betrachten wären als die einer Frau. Für Mönche und Nonnen gelten dieselben Verhaltensregeln. Sie müssen daher als vollkommen ebenbürtig angesehen werden. Wenn Ungleichheiten bestehen, so haben wir es wohl mit alten Vorurteilen zu tun. Falls nötig, müssen entsprechende Reformen durchgeführt werden.

In Anbetracht der Benachteiligung von Frauen
habe ich eine internationale Konferenz zur
Situation von Frauen im Buddhismus einberufen.

Gemäß den Vorschriften des Vinaya* muss in unserer Tradition die volle Ordination einer Frau durch eine Versammlung von bereits vollständig ordinierten Männern und Frauen vollzogen werden. Um eine vollständige Nonnenordination zu erhalten, ist also Voraussetzung, dass bereits eine Gemeinschaft von voll ordinierten Nonnen existiert. Nun ist aber im tibetischen Buddhismus die Linie der voll ordinierten Nonnen unterbrochen, mit der Folge, dass es für Frauen bist vor Kurzem unmöglich war, eine Vollordination in Übereinstimmung mit dem Vinaya zu erhalten. In Anbetracht dieser Benachteiligung von Frauen habe ich 1993 eine internationale Konferenz zu diesem Thema einberufen, an der zahlreiche Praktizierende und Lehrer beiderlei Geschlechts teilgenommen haben, um über die Situation und die speziellen Probleme von Frauen im Buddhismus zu diskutieren. Viele Frauen nutzten die Gelegenheit, um das Wort zu ergreifen und über ihre Lebens- und Praxisbedingungen zu berichten. Eine dieser Frauen erzählte in schlichten Worten einfach nur ihre Lebensgeschichte. Was sie erzählt hat, ging mir so nahe, dass ich weinen musste.

Wir müssen die vollständige Nonnenordination
in die tibetische Tradition einführen.

Die Verhältnisse, mit denen sich Nonnen konfrontiert sehen, sind zum Teil schrecklich ungerecht. Wir müssen alles tun, damit sich diese Situation bessert. Darum habe ich 2007 in Hamburg anlässlich der Konferenz zur Rolle der Frauen im Buddhismus darauf hingewiesen, wie wichtig dieses Thema ist. Diese Konferenz hat einiges zum Positiven bewegt.

Lassen Sie mich hier noch einmal meine Äußerungen zusammenfassen, zu denen ich mich damals veranlasst sah: Der Buddha hat einen Weg zum Erwachen und zur Befreiung vom Leiden gelehrt, der für alle Menschen, Männer wie Frauen, gleich ist, egal aus welchen sozialen, ethnischen oder nationalen Verhältnissen sie stammen. Für diejenigen, die sich ganz der Praxis seiner Lehren widmen wollten, gründete er einen Mönchs- und einen Nonnenorden. Jahrhundertelang erlebten die buddhistischen Orden in ganz Asien eine Blütezeit und leisteten einen wesentlichen Beitrag zur Entwicklung des Buddhismus. Doch während die Bhiksu-Linie, also die Linie der voll ordinierten Mönche, in nahezu allen buddhistischen Ländern bis heute ungebrochen ist, besteht die Bhikshuni-Linie, die Linie der voll ordinierten Nonnen, nur noch in einigen wenigen Ländern fort. Darum müssen wir, wenn irgend möglich, die vollständige Nonnenordination in der tibetisch-buddhistischen Tradition einführen.

Frauen besitzen alle notwendigen Fähigkeiten, um das höchste Ziel der Lehren des Buddha zu verwirklichen.

Viele Frauen haben den Wunsch, gleichberechtigt am religiösen Leben teilzunehmen und in Lehre und Praxis ihrer Religion unterrichtet zu werden. Sie möchten gerne ein positives Beispiel geben und mit ganzem Einsatz ihren Beitrag zur Entwicklung der menschlichen Gesellschaft leisten. Auch Nonnen und Schüler, die der Tradition des tibetischen Buddhismus folgen, haben überall auf der Welt den tiefen Wunsch, dass die Vollordination für Nonnen eingeführt wird. Da Frauen alle notwendigen Fähigkeiten besitzen, um das höchste Ziel der Lehren des Buddha auch in moderner Zeit zu verwirklichen, sollten ihnen alle Mittel und Möglichkeiten dafür zur Verfügung stehen. Die Vollordination wird Frauen die Möglichkeit bieten, ihre spirituelle Entwicklung voll und ganz zu fördern.

Wir versuchen innerhalb der tibetischen Gemeinschaft, die Ausbildung von Nonnen zu fördern.

Bereits jetzt versuchen wir innerhalb der tibetischen Gemeinschaft, die Ausbildung von Nonnen zu fördern. Es wurden Möglichkeiten für die Nonnen geschaffen, ein Studium der buddhistischen Philosophie zu absolvieren und die Geshe-

Prüfung abzulegen, den höchsten zu vergebenden klösterlichen Studienabschluss. Es freut mich, dass es uns gelungen ist, diese Ziele zum großen Teil zu verwirklichen.

Nachdem in allen buddhistischen Traditionen Ostasiens (China, Taiwan, Vietnam und Korea) seit Langem Bhikshuni-Gemeinschaften bestehen und auch in der Theravada-Tradition Südasiens (speziell in Sri Lanka) der Bhikshuni-Orden im Begriff ist, wieder aufzuleben, glaube ich, dass auch innerhalb der tibetischen Tradition die Einführung des Bhikshuni-Ordens ernsthaft in Betracht gezogen und befürwortet werden muss. Freilich müssen wir uns hierbei innerhalb der Grenzen der Vinaya-Vorschriften bewegen. Einige Nonnen haben bereits die vollen Bhikshuni-Gelübde gemäß der tibetischen Dharmagupta-Übertragungslinie abgelegt. Sie werden von unserer Seite als voll ordinierte Nonnen betrachtet.

Nachdem sich nun der Status der Nonnen innerhalb unserer eigenen Tradition deutlich verbessert hat, hoffe ich, dass die vereinten Bemühungen aller buddhistischen Schulen entsprechende Früchte tragen werden. Ich hoffe ferner, dass die Tatsache, dass wir im tibetischen Buddhismus dem Status der Nonnen größte Aufmerksamkeit widmen, ein positives Signal für all jene Länder setzt, in denen die Rechte der Frau ebenso wie ihre menschlichen, intellektuellen und spirituellen Qualitäten noch keine volle Anerkennung gefunden haben.

Nancy Pelosi, Sprecherin des US-Repräsentantenhauses,
zur Tibetfrage
Nichts macht mich betroffener als das gewaltsame Vorgehen der chinesischen Regierung. Wenn die freiheitsliebenden Menschen in aller Welt ihre Stimme nicht gegen die chinesische Repression in China und Tibet erheben, haben wir jede moralische Autorität verloren, irgendwo auf dieser Welt im Namen der Menschenrechte zu sprechen.

FÜR EINE UNIVERSELLE ETHIK

Eure Heiligkeit,
Ende des vorigen Jahrtausends verkündeten Sie, dass die »wahre Revolution des 21. Jahrhunderts« darin bestehe, eine »universelle, nicht konfessionsgebundene Ethik« zu etablieren. Vor allem bei westlichen Frauen stößt diese Aussage auf große Zustimmung, wollen diese ihr Leben doch gewaltfrei sowie solidarischer und toleranter gestalten. Sie fordern auch insbesondere uns Frauen und Mütter auf, diese Kehrtwendung einzuleiten. Wenngleich wir im Alltag häufig nicht wissen, wo uns der Kopf steht, sind wir bereit, Ihre Argumente in dieser Sache anzuhören und uns von der heilsamen Wirkung überzeugen zu lassen, die ein verändertes Verhalten auf unser Leben hätte. Ein Schritt, zu dem uns auch die Forschungsergebnisse der Kognitionswissenschaftler ermutigen, die durch Untersuchungen mit erfahrenen Meditierenden in amerikanischen Labors gewonnen wurden. Sie belegen, dass die Meditation uns hilft, glücklicher und stressfreier zu leben. Wer hätte da keine Lust, diese Praxis einmal auszuprobieren?

Viele Menschen sind bereit, alles zu tun, damit die Welt sich zum Besseren verändert. Doch manchmal haben gerade wir Frauen das Gefühl, die uns zur Verfügung stehenden Mittel seien lächerlich gering, um es mit den zahlreichen Problemen der heutigen Zeit aufnehmen zu können – etwa mit dem zunehmenden Fundamentalismus, der in manchen Ländern jeden sozialen Fortschritt erstickt. Angesichts von Aggression und Gewalt sowie einer zunehmenden emotionalen und sozialen Verrohung fühlen wir uns häufig ohnmächtig. Wie sollen wir damit umgehen?

Kann man den Lauf der Dinge tatsächlich umkehren und der Gewalt ein Ende setzen? Aufhören, sich auf Ideologien zu berufen, ob sie nun aus dem Buddhismus, dem Christentum, dem Kommunismus oder sonst woher stammen, und stattdessen den grundlegenden Werten des Menschen Geltung verschaffen und so einen Gesinnungswandel bewirken?

Können wir, »die Frauen dieser Welt«, tatsächlich eine Kraft sein, mit der man rechnen muss? Eine Kraft, die sich auf unsere Kinder überträgt, wenn wir sie dazu erziehen, bessere Menschen zu sein? Sie zu mehr Toleranz auffordern?

Viele von uns möchten gerne daran glauben und entsprechend handeln. Ihr Aufruf, Eure Heiligkeit, ist für uns eine Herausforderung, die Voraussetzungen für eine »wahre Revolution des 21. Jahrhunderts« zu schaffen, die eine »universelle, nicht konfessionsgebundene Ethik« etabliert. Eine Revolution, an der wir Frauen mit Freuden teilhaben würden, damit die Welt ein toleranterer, weniger von Gewalt geprägter und somit menschlicherer Ort wird.

*Fragen der Ethik werden eine wichtige
Rolle in der Gesellschaft spielen.*

In den kommenden Jahren werden Fragen der Ethik eine wichtige Rolle in der Gesellschaft spielen. Bereits jetzt sind sie ein zentrales Thema. Im öffentlichen und politischen Leben demokratischer Länder beispielsweise müssen Journalisten, Vertreter von Regierungen, Parteien, Gewerkschaften, Kirchen et cetera dank der Rolle der Medien und der Macht der Wähler ein ethisch einwandfreies und verantwortungsvolles Verhalten zeigen, wollen sie nicht in die öffentliche Kritik geraten.

Das war nicht immer so, doch zum Glück ändern sich die Dinge. So können wir der Entwicklung ethischer Werte zu Beginn dieses neuen Jahrhunderts möglicherweise mehr Gewicht geben und die Notwendigkeit erkennen, auch die Herzensbildung der Kinder stärker zu fördern. Unsere Emotionen haben einen Einfluss auf unsere Gesundheit, das müssen wir zur Kenntnis nehmen. Daher sollten wir der »emotionalen Erziehung« von Kindern einen größeren Wert beimessen als bisher.

*Die Liebe zwischen Mutter und Kind ist ein Modell, das
als Grundlage für unser ethisches Denken dienen kann.*

Unsere Ethik hat Einfluss auf unser privates und soziales Verhalten. Sie sollte sich an dem Verhältnis orientieren, das wir von frühester Kindheit an zu unserer Mutter hatten sowie an dem Vertrauen, das daraus entstand.

Der Buddhismus lehrt, dass wir zahllose Wiedergeburten erleben und dass alle fühlenden Wesen in einer früheren Existenz schon einmal unsere Eltern waren beziehungsweise es in einem künftigen Leben sein werden. Gehen wir vom Prinzip der Wiedergeburt aus und machen wir uns diese Zusammenhänge bewusst, so lässt uns dies die Menschen in unserem Umfeld mit anderen Augen betrachten und unsere ethischen Wertvorstellungen überdenken. Gelingt es uns tatsächlich, in jedem Menschen »unsere Mutter« zu sehen, also jemanden, dem wir dankbar sind, weil er uns das Leben geschenkt hat, dann können wir uns dem Betreffenden gegenüber nur ethisch richtig, also gutherzig, großzügig und friedvoll verhalten, auch wenn wir der Person im Augenblick vielleicht eher skeptisch gegenüberstehen. Für Buddhisten ist die Liebe zwischen Mutter und Kind ein Modell, das als Grundlage für unser ethisches Denken dienen kann. Doch ob wir nun Buddhisten sind oder nicht, in jedem Fall können wir uns von diesem Modell inspirieren lassen und es zur Grundlage einer individuellen Ethik machen.

All unsere Handlungen haben
positive oder negative Konsequenzen.

Eine fehlende Ethik lässt uns Handlungen begehen, die anderen schaden. Und das führt im Grunde dazu, dass wir aufgrund des karmischen Prinzips, also dem Gesetz von Ursache und Wirkung, die Samen für eigenes künftiges Leid säen. Wenn wir uns das bewusst machen, werden wir unser Verhalten entsprechend ändern und es unterlassen, anderen bewusst Schaden zuzufügen. Dies ist zumindest der erste Schritt.

Im ersten Schritt machen wir uns also bewusst, dass all unsere Handlungen positive oder negative Konsequenzen haben und dass wir für unser Verhalten selbst verantwortlich sind. Zudem erkennen wir, dass wir alle miteinander verbunden und voneinander abhängig sind. Daher hat unser Verhalten eine universelle Dimension und damit auch unser Verantwortungsgefühl und unsere Ethik.

Im zweiten Schritt bemühen wir uns darum, eine ethische Haltung zu entwickeln, indem wir uns eine Disziplin aneignen. Mithilfe dieser Disziplin können wir langfristige Wirkungen, die unsere Gedanken und unser Verhalten auf andere sowie auf uns selbst haben könnten, vorher abwägen. Diese Praxis hilft uns, ein friedfertiges und großzügiges Leben zu führen.

Wir müssen ein »globales Verantwortungsgefühl« entwickeln.

Die Globalisierung und unser moderner Lebensstil zeigen uns jeden Tag aufs Neue, dass es unmöglich ist, andere zu ignorieren. Sämtliche Beziehungen sowohl auf individueller wie auf staatlicher Ebene sind so eng miteinander verflochten, dass die Wahrnehmung unserer eigenen Interessen auch anderen zugutekommt, selbst wenn wir das in manchen Fällen ursprünglich gar nicht beabsichtigen. Doch leider kann es auch zum umgekehrten Effekt kommen.

Wir müssen folglich ein »globales Verantwortungsgefühl« entwickeln, das uns immer das Wohl der anderen im Auge haben lässt, sodass wir uns immer so gut und selbstlos wie möglich verhalten. Damit will ich nicht sagen, dass wir uns das ganze Leid und Elend dieser Welt auf die Schultern laden sollen. Wir sollten nur das uns Mögliche tun, um die Dinge in unserem Umfeld zum Guten hin zu beeinflussen. Damit uns das leichter fällt, können wir uns immer wieder an Folgendes erinnern: Alle Wesen möchten so wie wir glücklich sein und so wie wir haben sie ein Recht auf dieses Glück. Das ist es, was eine universelle und nicht konfessionsgebundene Ethik ausmacht: eine verantwortungsvolle, selbstlose Haltung anderen gegenüber. Gegenüber der eigenen Familie, gegenüber der Gesellschaft, gegenüber Gesunden und Kranken.

Eine wahrlich spirituelle Revolution
ist an keine Religion gebunden.

Die Ethik, von der ich spreche, ist überkonfessionell und nicht religiös motiviert. Sie leitet sich von grundlegenden, allgemein menschlichen Eigenschaften ab und kann von jedermann befolgt werden. Dieser überkonfessionelle, nicht-religiöse Weg der Umwandlung von Geist und Emotionen fördert die Entwicklung menschlicher Werte wie Mitgefühl, Liebe, Toleranz, Respekt und Verantwortungsbewusstsein. In diesem Zusammenhang müssen wir danach streben, alle religiösen und kulturellen Eigenheiten hinter uns zu lassen, um für das 21. Jahrhundert eine wahrlich spirituelle Revolution in Gang zu setzen. Eine spirituelle Revolution, die an keine Religion gebunden ist.

Allgemeingültige, für jeden annehmbare Verhaltensregeln

Die Begriffe »Religion« und »Ethik« sind nicht deckungsgleich. Jede Religion kennt spezifische moralische Gebote, doch Ethik ist nicht zwangsläufig an Religion gebunden. Gerade in der heutigen Zeit zeigt sich, wie wichtig es ist, dass die Ethik sich nicht länger auf die Religion beruft, damit sie Gläubigen wie Nichtgläubigen Orientierung bieten kann. Es müssen allgemeingültige, für jeden annehmbare Verhaltensregeln gefunden werden, ein universelles moralisches Gesetz. Wenn ich in diesem Zusammenhang von Spiritualität spreche, meine ich damit also keine Spiritualität im spezifisch religiösen Sinne, sondern einen inneren Entwicklungsprozess. Eine spirituelle Revolution ist nie das Ergebnis äußerer, materieller Faktoren oder technologischer Fortschritte. Sie entsteht vielmehr aus unserem Inneren heraus, aus unserem tief empfundenen Wunsch, uns zu ändern und ein besserer Mensch zu werden. Was ich damit sagen will, ist Folgendes: Wir müssen uns damit beschäftigen, wie unser Geist funktioniert, damit wir ihn so umwandeln können, dass wir als Menschen selbstloser, mitfühlender und liebevoller werden. Der Altruismus ist Herzstück und Grundlage dieser Ethik. So verstehe ich Spiritualität.

Die Form der Ethik, für die ich eintrete, ist universell und nicht an eine bestimmte Religion gebunden. Das bedeutet, dass jeder, ob gläubig oder nicht, sie unabhängig von seinem kulturellen oder religiösen Hintergrund übernehmen kann. Dies ist ebenso notwendig wie dringlich, denn es geht um das Überleben der Menschheit und der Umwelt.

Die ethische Haltung muss auf die Umwelt ausgedehnt werden.

Umweltzerstörung und die Vernichtung unserer natürlichen Ressourcen sind das Resultat von Unwissenheit, Gier und fehlender Achtung gegenüber den Lebewesen auf unserem Planeten. Der Mensch stellt mit seinem Tun eine Bedrohung für das Glück kommender Generationen, ja für den Frieden dar. Heute wissen wir im Gegensatz zu früher, welche Konsequenzen dieses Verhalten hat. Es gibt keine Entschuldigung mehr für das, was wir tun. Wir vernichten ganze Landstriche und Ressourcen in jeder Form. Viele Tiere, Pflanzen und Insekten verschwinden für immer vom Antlitz dieser Erde. Die Generationen nach uns werden sie nicht mehr kennen, und wir tragen die Verantwortung für ihre Auslöschung. Die ethische Haltung, zu der ich im Umgang mit unseren Mitmenschen rate, muss auch auf unsere natürliche Umwelt ausgedehnt werden. Diese Dinge sollten wir uns wirklich zu Herzen nehmen.

Umweltschutz ist aber nicht nur eine Frage der Ethik oder des gesunden Menschenverstandes, sondern – um das noch einmal in aller Deutlichkeit zu sagen – eine Frage, die unser aller Überleben betrifft. Das müssen wir den Menschen in unserem Umfeld begreiflich machen. Wir müssen es an unsere Kinder weitergeben, damit sie nicht die gleichen Fehler machen wie wir.

Handeln Sie intelligent! Zeigen Sie globales Verantwortungsbewusstsein! Seien Sie nicht engstirnig! Handeln Sie voller Mitgefühl und Selbstlosigkeit und nicht aus egoistischen Motiven heraus. Dies ist die Quelle des Glücks. Die Entscheidung liegt bei Ihnen, doch hat sie für Ihr Leben eine enorme Bedeutung. Umweltprobleme betreffen uns alle. Unser Planet ist von Zerstörung bedroht. Daher müssen wir die verschiedenen Länder und Regierungen zusammenbringen und gemeinsam nach globalen Lösungen suchen. Stück um Stück finden diese Gedanken Anerkennung. Das ermutigt mich, in meinen Bemühungen für eine bessere Zukunft nicht nachzulassen.

Mehr Menschlichkeit und Verantwortungsbewusstsein in der Wirtschaft

Diese ethische Umorientierung hin auf das Wohl anderer sowie der Umwelt sollte am Ende auch zu mehr Menschlichkeit und Verantwortungsbewusstsein in der Wirtschaft führen. Die im Finanz- und Handelssektor Tätigen tragen eine enorme Verantwortung gegenüber allen Menschen. Infolge der Globalisierung nehmen Wirtschaftskrisen ganz automatisch internationale Dimensionen an. Wir müssen daher zusammenarbeiten und unsere Bemühungen in allen Bereichen aufeinander abstimmen, damit wir gemeinsam die Früchte dieser Bemühungen ernten können. Dies wäre ein Zeichen für ein größeres Verantwortungsbewusstsein und ein Engagement, das selbstverständlich über den individuellen Lebensrahmen hinausgeht. Wir sollten globale Probleme gleichzeitig von einer individuellen wie von einer gesellschaftlichen Ebene im weitesten Sinne angehen. Dazu müssen wir uns geistig verändern können, unseren geistigen Horizont und unseren Aktionsradius ausweiten und für Probleme Lösungsstrategien auf mehreren Ebenen suchen – auf einer individuellen, einer gesellschaftlichen sowie einer globalen.

Danielle Mitterrand über den Dalai Lama (in ihrem Blog vom 17. März 2008)
Auf Bitte einiger befreundeter Blogger habe ich beschlossen, etwas zum Thema »Tibet« zu schreiben.

Ich habe mich in den vergangenen Tagen auf Einladung meines Freundes Mikis Theodorakis in Athen aufgehalten. Von Griechenland aus wird die Olympische Flamme in die Welt getragen. Von dort aus habe ich spontan an den Dalai Lama geschrieben, um die Grundlage für eine gemeinsame Aktion festzulegen, mit der den Tibetern geholfen werden soll.

Wenn ich heute schweige, dann nur, weil die Öffentlichkeit endlich ein Thema diskutiert, das ihr erst allmählich zu Bewusstsein zu kommen scheint. Dabei versuchen zahlreiche Nichtregierungsorganisationen bereits seit Jahren, den Politikern die Augen für das Schicksal dieses Volkes zu öffnen, das von seinem großen Nachbarn erbarmungslos unterdrückt wird.

Lassen Sie mich erzählen, wie ich dem Dalai Lama zum ersten Mal begegnet bin. Das war 1988. Der Dalai Lama hielt sich gerade in der Schweiz auf und hatte eine Einladung erhalten, im Europaparlament in Straßburg zu sprechen.

Um dorthin zu kommen, musste er über französisches Staatsgebiet reisen. Die französische Regierung war wenig geneigt, ihm die Einreise in ihr Hoheitsgebiet in irgendeiner Form zu erleichtern, und verweigerte sich jedem Kontakt mit dieser außergewöhnlichen Persönlichkeit, die den Chinesen gewaltlosen Widerstand leistete.

Also lud die Nichtregierungsorganisation France-Libertés den Dalai Lama zu sich ein und organisierte zu seinen Ehren ein Abendessen, zu dem auch die Fürsprecher der tibetischen Sache geladen waren.

Unter den geladenen Gästen war auch der französische Staatspräsident. Diese Zusammenkunft bot also eine gute Gelegenheit, um einige Vorurteile zu korrigieren und Klarheit in einigen, bislang nicht ausgesprochenen Punkten zu erhalten, die sich nachteilig auf das gute Verhältnis zwischen Völkern und Regierungschefs auswirken könnten.

Die Begegnung der beiden Männer hätte einen neuen Abschnitt in der Geschichte der Beziehungen zwischen Frankreich und Tibet einläuten können. Doch mittlerweile hat sich über alles wieder der bleierne Mantel des Schweigens gelegt.

France-Libertés und zahllose Tibet-Initiativen prangern nach wie vor die Menschenrechtsverletzungen, Zwangssterilisationen, Folter und Zerstörung buddhistischer Tempel im besetzten Tibet an, doch unsere Stimmen verhallen im Wind. Wir können zwar einiges für uns verbuchen: die verschiedenen Aktionen in Dharamsala, die

Schulen, die Krankenstationen für Flüchtlinge an den Grenzen, die Förderung des Theaters des TIPA (Tibetan Institute of Performing Arts), die Verleihung des Prix de la Mémoire an den Dalai Lama (noch vor der Verleihung des Nobelpreises!). Doch all das hat die Weltpolitik gegenüber diesem bedrohten Volk nicht verändert. China kann sich weiterhin auf den Dollarscheinen ausruhen, die es anhäuft. Niemand wird es mit Forderungen belästigen, es möge doch bitte das Recht auf Leben bei den benachbarten Völkern achten.

Als dem Dalai Lama 1989 der Nobelpreis verliehen wurde, habe ich begriffen, wie man mit wenig Aufwand sein Gewissen beruhigt, um weiterhin die Augen vor den Machenschaften jenes Systems zu verschließen, das die wirtschaftliche Globalisierung anführt.

2001 hätte France-Libertés auf Antrag Chinas fast seinen Beraterstatus bei der UNO verloren. China wollte, dass ich mein gesammeltes Material zur Situation der tibetischen Bevölkerung zurückziehe. Der Sicherheitsrat hat diesem Antrag nicht stattgegeben, doch ich befürchte sehr, dass unsere Organisation mittlerweile mit den »pazifistischen tibetischen Terroristen« gleichgesetzt wird, von denen China so häufig spricht. Nichtsdestotrotz überlassen wir den Tibetern weiterhin unser Rederecht bei der UNO. So konnten sie sich dank France-Libertés bereits am 25. März ein weiteres Mal an die Kommission wenden, um über die an ihrem Volk begangenen Gewalttaten zu berichten.

Sie können sich also vorstellen, dass das, was ich sage oder tue, den Medienrummel um die Frage, ob man die Olympischen Spiele nun boykottieren soll oder nicht, nur anheizt. Doch dieser lenkt nur von der einzig wahren

Lösung dieser Frage ab, die da lautet: Wir müssten jeden wirtschaftlichen Austausch mit einem Land, das das Recht auf Leben mit Füßen tritt, um seine Macht durchzusetzen, endlich beenden!

EINE FRIEDLICHERE,
EINE WEIBLICHERE WELT

Eure Heiligkeit,
beim Thema Weltfrieden zögern Sie nicht, bestimmte Politike-
rinnen anzuführen, die ihrer Zeit ihren Stempel aufgedrückt
haben. Ihre Wertschätzung gilt jenen tatkräftigen, mutigen
Frauen, die sich für die Demokratie im Allgemeinen und für
die Rechte der Frauen im Besonderen einsetzen. Benazir Bhut-
to, die im Dezember 2007 in Pakistan Opfer eines Selbst-
mordanschlags wurde, ist eine dieser Frauen. Ebenso wie die
burmesische Friedensnobelpreisträgerin Aung San Suu Kyi,
die wegen ihres politischen Engagements immer noch unter
Hausarrest steht.
Diese außergewöhnlichen Frauen sind uns Anstoß, so wie
sie aktiv zu werden. Frauen im Westen können ihrem Beispiel
dabei ohne besondere Schwierigkeiten folgen. Eine Frau in
China oder Afghanistan, die sich in die Politik ihres Landes
einmischen will, muss jedoch mit Repressalien rechnen – nicht
nur gegen ihre Person, sondern auch gegen ihre Angehörigen.
Muss sie im Namen ihres Kampfes für die Freiheit das Risiko
in Kauf nehmen, ihre Angehörigen Leid oder sogar dem Tod
auszusetzen? Muss man für den Kampf gegen ein totalitäres
Regime nicht frei von allen emotionalen Bindungen sein, um
zu verhindern, dass man andere schrecklichem Leid ausliefert?
Verantwortungsbewusstsein und Überzeugung liegen hier im
Widerstreit. Der Weg der Gewaltlosigkeit, wie ihn der Bud-

dhismus propagiert, kann ein Ausweg aus diesem Dilemma sein, das macht ihn wohl für die meisten Frauen dieser Welt so interessant.

Seit Ihnen im Jahre 1989 der Friedensnobelpreis verliehen wurde, verkörpern Sie in den Augen der Frauen und der internationalen Gemeinschaft das Prinzip der Gewaltlosigkeit. Dieser Weg stellt den Dialog über jede andere Form des Handelns und berücksichtigt die Standpunkte beider Seiten. Diese Vorgehensweise erfordert Zeit und setzt ein hohes Maß an Geduld, Verständnis und Toleranz voraus sowie den aufrichtigen Wunsch, einen für beide Seiten tragbaren Kompromiss zu finden. All das natürlich unter der Maßgabe, für alle Beteiligten so wenig Leid wie möglich zu erzeugen. Wir Frauen sind naturgemäß besonders empfänglich für diesen Ansatz, der dazu beitragen kann, Frieden in der Welt zu schaffen.

Sie wiederholen unermüdlich, dass die Entwicklung von äußerem Frieden Hand in Hand geht mit der Förderung von innerem Frieden und Letzterer durch die Schulung des Geistes erreichbar ist. Doch nur zu oft vergessen wir diesen Zusammenhang, genauso wie wir vergessen, dass es uns im Alltag möglich ist, »inneren Frieden« zu erreichen.

Wie aber lässt sich eine solch radikale Veränderung unseres Denkens, unserer Erwartungen, unseres Geistes bewerkstelligen? Welche Ratschläge können Sie uns geben, damit uns das gelingt? Shantideva, einer der großen indischen Meister, den Sie so häufig zitieren, hat sinngemäß gesagt: »Liebe ist der Wunsch, dass alle Wesen glücklich sein und die Ursachen des Glücks erlangen mögen. Mitgefühl ist der Wunsch, dass alle Wesen frei sein mögen vom Leid und den Ursachen des Leids. Es ist natürlich, dass wir Liebe und Mitgefühl gegenüber Menschen empfinden, die wir gernhaben, wie zum Beispiel unsere Mutter, die der Inbegriff von Hingabe an andere ist. Der Buddha, dessen Weisheit grenzenlos ist, hat gelehrt, dass alle We-

sen in irgendeinem Leben bereits einmal unsere Eltern gewesen sind. Daher sollten wir sie ausnahmslos lieben, ohne dafür eine Gegenleistung oder Dankbarkeit zu erwarten.«

Diese Sicht der Dinge gibt uns klar zu verstehen, dass es keine andere Möglichkeit für Frieden gibt als den vollkommenen Verzicht auf Gewalt. Das Gesetz der wechselseitigen Abhängigkeit, das die Beziehungen aller Wesen und aller Erscheinungen prägt, lehrt uns, dass unser Überleben und unser Glück von dem der anderen abhängen. Da alle Dinge miteinander verbunden sind, können wir gar nicht anders, als eine gewaltfreie Haltung einzunehmen. Doch sind wir dazu auch in der Lage?

Diese Frage ist nicht immer eindeutig zu beantworten, vor allem, wenn die Wogen von Emotionen wie Hass, Wut oder Rachsucht über uns zusammenschlagen. In solchen Momenten einsichtig zu sein und innezuhalten, setzt voraus, dass man gelernt hat, seine Emotionen zu meistern, ja dass man begreift, welch negative Folgen sie haben können. Das kann man lernen – und zwar als Kind wesentlich leichter als später im Erwachsenenalter. Man kann es nicht oft genug wiederholen: Mütter sind, zumindest teilweise, verantwortlich für die Vermittlung dieser Fähigkeit. Dank ihrer Aufmerksamkeit und Geduld können sie dafür sorgen, dass dies gelingt. Sie geben ihren Kindern einen Baustein an die Hand, mit dem diese nicht nur die Grundlage für ihr eigenes Glück, sondern auch für inneren Frieden und den Weltfrieden legen können.

Es ist an der Zeit, dass weibliche
Werte die männlichen Werte ablösen.

Innerer und äußerer Friede hängen eng zusammen. Sie bedingen sich gegenseitig. Durch die Entwicklung von Gelassenheit und innerer Ruhe schaffen wir die Grundlage für äußeren Frieden. Nur wir selbst können inneren Frieden in uns erzeugen: Er entsteht *aus* und *in* unserem Geist. Die Herzenswärme, Liebe und Zuwendung, die wir als Kinder erfahren haben, begünstigen diesen Prozess, während Hass, Eifersucht, Zorn, Neid und Begierde die Entwicklung von innerem Frieden verhindern. Kinder lernen von ihren Müttern, wie sie diese negativen Emotionen umwandeln können. Will die Menschheit in Frieden leben, braucht sie die Liebe und das Mitgefühl, das Mütter ganz natürlich zum Ausdruck bringen. Diese Qualitäten sind bei Frauen stärker ausgeprägt als bei Männern, daher ist es an der Zeit, dass weibliche Werte die männlichen Werte ablösen, von denen die Gesellschaft seit Jahrtausenden beherrscht wird. Die Frauen müssen in der Gesellschaft mehr Gewicht bekommen, damit ihr Mitgefühl zum Tragen kommt und sie dieses nicht nur ihren Kindern, sondern der ganzen Gesellschaft vermitteln können. Die Politiker müssen den Frauen mehr Verantwortung übertragen, damit sie ihren Teil dazu beitragen können, eine solidarische und weniger von Gewalt geprägte Zukunft zu schaffen. Das kann nur allmählich geschehen, doch dürfen wir keine Zeit verlieren. Wir müssen bereits jetzt alle erforderlichen

Anstrengungen unternehmen. Jeder hat die Fähigkeit, sich gut und mitfühlend zu verhalten, und kann diese Qualitäten daher stärker entwickeln, sobald er sich darum bemüht. Die Mütter machen es uns vor, wir müssen nur ihrem Beispiel folgen.

Alle Menschen gehören zu einer Familie.

Alle Menschen gehören zu einer Familie. Wir sind einander sehr ähnlich. Wir teilen die gleichen Hoffnungen. Wir alle wollen glücklich sein. Wir haben die gleichen Rechte und Pflichten. Die Globalisierung führt uns anschaulich vor Augen, dass wir nicht mehr so denken und handeln können, als wären wir allein auf der Welt: Länder und Regierungen sind mehr denn je voneinander abhängig. Wenn heute an irgendeinem Punkt der Welt ein Ereignis von einer gewissen Tragweite stattfindet, so hat dies letztlich Auswirkungen auf den ganzen Planeten. Es ist also völlig sinnlos, auf nationale oder ideologische Grenzen zu verweisen, um diese Auswirkungen abzuwenden: Sie werden uns treffen, egal was geschieht.

Wir müssen unbedingt die Interessen der anderen berücksichtigen und Wege der Zusammenarbeit suchen, denn nur so dienen wir letztlich auch unseren eigenen Interessen. Wenn wir diesen Zusammenhang begreifen, könnten wir die Grundlage für eine neue Weltordnung schaffen. Diese wäre von aufrichtiger Liebe und Mitgefühl geprägt und würde wirtschaftliche und politische Bündnisse hervorbringen, die alle Länder gleichermaßen einbezögen. Nur auf eine solche Weise können wir eine bessere, glücklichere, stabilere und humanere Zukunft schaffen. Der Weltfrieden ist nur möglich, wenn die Menschheit auf internationaler Ebene solidarisch und brüderlich zusammenlebt. Der Weg dorthin führt über die Entwicklung von Liebe und Mitgefühl.

Wir haben Liebe und Mitgefühl völlig
aus dem öffentlichen Leben verbannt.

Den Tibetern zufolge kann jedes Leid durch Liebe und Mitgefühl geheilt werden. Diese Qualitäten helfen uns, alle möglichen Situationen zu meistern. Sie sind letztlich die Quelle
menschlichen Glücks. Obwohl wir ohne sie nicht glücklich
sein können, haben wir Liebe und Mitgefühl völlig aus dem
öffentlichen Leben verbannt – unter dem Vorwand, dass angeblich nur naive Menschen ein solches Verhalten zeigen. Dies
hat die zwischenmenschlichen Beziehungen weniger menschlich geraten lassen. Und es ist tragisch, weil wir nicht mehr
begreifen, wie nützlich es ist, andere glücklich zu machen und
ihre Interessen zu fördern, um selbst glücklich zu sein.

Anderen Liebe und Mitgefühl entgegenzubringen und sich
altruistisch zu verhalten ist die wahre Quelle, aus der Toleranz
erwächst, die Grundlage für zufriedenstellende Lösungen von
Konflikten, für eine gute Zusammenarbeit, gegenseitige Hilfe
und Frieden auf dieser Welt. Diese Sichtweise ist weder idea-
listisch noch utopisch. Wenn unser Geist von Mitgefühl erfüllt
ist, sind wir anderen gegenüber offener und wir haben eine größere Bereitschaft, auf sie einzugehen. Dadurch gewinnen wir
ein beträchtliches Maß an Energie. Wenn wir unseren Geist auf
diese Weise schulen, wird er von innerem Frieden und Selbstvertrauen erfüllt und nicht länger von Angst und Unsicherheit
gequält. Wir sollten daher niemals unsere Fähigkeit zu lieben
und Mitgefühl zu empfinden beschränken, denn je mehr wir sie
fördern, je größer der Kreis der Wesen ist, denen wir mit Liebe und Mitgefühl begegnen, desto glücklicher und friedvoller
werden wir uns fühlen.

*Auf internationaler Ebene sollte es unser vordringlichstes
Anliegen sein, Liebe und Mitgefühl zu fördern.*

Das letzte Jahrhundert war in einem erschreckenden Ausmaß
von Tod und Zerstörung gekennzeichnet. Ideologien prallten
aufeinander, es gab zahlreiche Kriege, und die extreme Zerstö-
rungskraft der Waffensysteme trug das ihre dazu bei. Daher
gehört es zu den traurigsten und schmerzlichsten Epochen
der Menschheitsgeschichte. Auch heute gibt es, allen Bemühungen um Weltfrieden und Glück zum Trotz, noch zahllose
Diktaturen. Die internationale Gemeinschaft setzt sich zwar
für die Demokratie ein und erzielt dabei auch Fortschritte, das
Gewissen der Menschheit erwacht allmählich, doch es bleibt
immer noch viel tun. Daher sollte es auf internationaler Ebene
unser vordringlichstes Anliegen sein, Liebe und Mitgefühl –
die ausgesprochen weibliche Qualitäten sind – zu fördern. So
mancher Konflikt würde gar nicht erst ausbrechen, schenkte
man diesen menschlichen Emotionen etwas mehr Aufmerksamkeit.

*Man kann das Problem des Terrorismus nicht lösen, indem
man die eine oder andere terroristische Gruppierung ausradiert.*

Es ist völlig sinnlos zu glauben, man könne das Problem des
Terrorismus lösen, indem man die eine oder andere terroristische Gruppierung ausradiert. Zunächst muss man versuchen
zu erkennen, aus welchen Motiven diese Menschen handeln,
sonst kann man das Terrorismusproblem nicht lösen. Ihr Tun
basiert auf einer Vielfalt von wechselseitig abhängigen Ursachen und Bedingungen, die mit ihrer Geschichte, ihrer Familie
und ihrem Land zusammenhängen. Und es gibt zahlreiche
Gründe, die ihre individuelle Einstellung erklären. Sie wir-

ken wie Scheuklappen, die diesen Menschen den Blick auf die Wirklichkeit verstellen. Wenn wir nicht versuchen, dieses ganze Geflecht von Gründen zu erkennen, wird es uns nie gelingen, uns wirksam für den Frieden einzusetzen.

Wir müssen unseren gesunden Menschenverstand einsetzen und Mut beweisen, wenn wir dieses Problem lösen wollen. Das bedeutet, dass wir dem anderen mit großer Aufmerksamkeit begegnen. Wir müssen ihm zuhören und versuchen, ihn zu verstehen, und zwar von Anfang an, noch bevor es zur Eskalation von Gewalt kommt. Wir dürfen nicht warten, bis sich die Lage verschlimmert oder gar vollständig außer Kontrolle gerät. Nach einer gewissen Zeit ist die Stimmung »aufgeheizt«. Dann wird es sehr schwierig, ja beinahe unmöglich zu verhindern, dass sie sich in Gewalt entlädt.

Die meisten Konflikte lassen sich durch einen ehrlichen Dialog lösen, der im Geist der Offenheit und Versöhnung geführt wird.

Im Grunde will niemand Gewalt anwenden. Wir alle wissen, dass Gewalt die Ursache von Leid ist. Wenn wir keine Gewalt ausüben wollen, müssen wir zuvor lernen, Liebe und Mitgefühl zu entwickeln. Doch viele Menschen sind dazu nicht in der Lage. Ebendas aber müssen wir tun, damit die Welt von morgen friedlicher und glücklicher wird. Ein möglicher Weg, um die Konflikte zwischen den Nationen zu lösen, besteht darin, den Dialog zu fördern. Kein Land sollte sich dieser Verpflichtung entziehen können. Es reicht nicht aus, nur über Gewaltlosigkeit zu reden. Wir müssen etwas dafür tun, wenn wir eine gewaltfreie Welt schaffen und diese Sichtweise auch in anderen Ländern stärken wollen. Die meisten Konflikte zwischen den Menschen lassen sich durch einen ehrlichen Dialog lösen, der im Geist der Offenheit und Versöhnung geführt wird.

Krieg ist weder schön noch spannend noch hinnehmbar.
Krieg ist einfach nur unmenschlich und grausam.

Jede militärische Organisation ist eine Quelle für Gewalt und Konflikte in dieser Welt, da ihr einziger Zweck letztlich das Töten von Menschen ist. Darüber sollten wir nachdenken. Manche Männer sind durch ihre Kultur oder Erziehung so geprägt, dass sie jede Form von militärischer Auseinandersetzung als etwas Aufregendes und Ruhmreiches betrachten, was auf Frauen im Allgemeinen weniger zutrifft. Frauen erachten jedes Leben als wertvoll. Einen Menschen zu töten, hat für sie nichts »Verdienstvolles«. Krieg ist weder schön noch spannend oder auch nur hinnehmbar. Krieg ist einfach nur unmenschlich und grausam, eine Quelle von Unglück und Leid.

Mütter sollten ihren Kindern beibringen, dass Krieg kein
Spiel ist, sondern ein abscheuliches, blutiges Gemetzel.

Als Kind war ich von Soldaten fasziniert. Ihre Uniformen hatten es mir angetan. Im Spiel fangen Kinder damit an, sich für den Krieg zu begeistern. Doch sie können ganz gut ohne diese Art von Zeitvertreib auskommen. Es gibt spannendere und weniger gewaltsame Spiele als die, bei denen man lernt, wie man Menschen tötet. Erwachsene lassen Kinder aus alter Gewohnheit Krieg spielen, weil sie das für normal halten. Sie sind so erzogen worden und darum machen sie es jetzt auch so, ohne groß darüber nachzudenken. Seit Generationen werden Kinder auf diese Weise erzogen, doch das bedeutet nicht, dass es richtig ist. Wir bringen ihnen quasi bei, ihre negativen Gefühle zu fördern – unter dem Vorwand, sie müssten sich ja schließlich verteidigen können. Doch wir könnten sie auch lehren, dass man sich nicht alles gefallen lassen muss, ohne dabei Gleiches mit Gleichem zu vergelten. Wir könnten ihnen sagen, dass es stets besser ist, seinen Verstand zu gebrauchen als seine Fäuste. Den Frauen kommt hierbei eine wichtige Rolle zu. Mütter sollten ihren Kindern beibringen, dass Krieg kein Spiel ist, sondern ein abscheuliches blutiges Gemetzel. Sie können ihre Kinder lehren, sich friedlich zu verhalten, mit ihren Freunden auszukommen und Konflikte dadurch zu lösen, dass sie mit den anderen reden. So schafft man eine echte und dauerhafte Grundlage für die Achtung der Menschenrechte. Wir müssen zuerst unsere geistigen Gewohnheiten ändern, wenn wir unser Verhalten ändern wollen. Wenn wir das tun, zeigen wir Verantwortungsbewusstsein.

Abrüstung für den Weltfrieden

Grundsätzlich ist den Menschen bewusst, dass sie auf Frieden hinarbeiten müssen, wenn sie überleben wollen. Warum sollte es also eine zu optimistische Vorstellung sein, dass der Weltfrieden erreichbar ist? Waffen sind Werkzeuge der Gewalt und somit das größte Hindernis auf dem Weg zum Frieden. Ich denke, es ist höchste Zeit, dass wir uns Möglichkeiten überlegen, wie wir uns ihrer entledigen können. Das lässt sich sicher nicht von heute auf morgen bewerkstelligen, doch es ist die einzige Lösung. Diese Vorstellung ist keineswegs naiv, sondern sehr realistisch. Das sollte uns schon der gesunde Menschenverstand sagen. Das oberste Ziel aller Regierungen sollte die vollständige Entmilitarisierung dieses Planeten sein.

Im Augenblick geben die Nationen dieser Welt jährlich Milliarden für Rüstungszwecke aus. Können Sie sich vorstellen, was man mit diesem Geld alles machen könnte? Wie viele Krankenhausbetten, Schulen und Wohnungen man damit finanzieren könnte? Sämtliche Mittel, die momentan für die

Rüstung verschwendet werden, könnten in den Kampf gegen Armut, Analphabetentum und Krankheiten fließen und für eine positive globale Entwicklung genützt werden.

Die Mütter haben die große Verantwortung,
kommende Generationen darauf vorzubereiten,
Generationen des Friedens zu sein.

Doch damit das geschehen kann, müssen wir unsere Einstellung und unsere Art zu denken, ja die Gesellschaft insgesamt von Grund auf verändern. Es ist an der Zeit, dass die Frauen ihren Platz in der Gesellschaft einnehmen und Werte wie Sanftmut und Mitgefühl einbringen. Frauen vermitteln wichtige Werte und besitzen eine große emotionale Intelligenz, die vor allem durch die Mutterschaft und die Erziehung ihrer Kinder entsteht. Die Menschheit hat diese Werte dringend nötig. Wenn ich sage, dass wir dem Zeitalter der Frau entgegengehen, so meine ich damit, dass eine friedlichere Welt nur eine Welt sein kann, in der sich diese weiblichen Werte voll entfalten können. Damit sich die Gesellschaft ändert, müssen Kinder vom ersten Tag an in dem Gedanken erzogen werden, dass Krieg etwas Furchtbares ist und Gewalt keine Lösung sein kann. Die Mütter haben die große Verantwortung, kommende Generationen darauf vorzubereiten, Generationen des Friedens zu sein. Sie spielen eine zentrale Rolle bei der Gestaltung einer friedlicheren Zukunft, auch wenn dieses Thema natürlich die Gesellschaft als Ganzes angeht. Es ist Aufgabe jedes Einzelnen, an der Schaffung des Weltfriedens mitzuwirken.

Irène Frain[4] *in einem Gedicht über die Olympischen*
Spiele 2008

Olympiade der Schlagstöcke

Das Dach der Welt ist durchlöchert
Der Schnee entflieht, wo er nur kann
Aasgeier auf den goldenen Dachziegeln der Klöster
Deine Schätze geplündert, die Leiber geschunden
Alles im Namen des Uran
Du magst schreien,
Tibet
Doch Menschenrechte
sind der Welt nur Schweigen wert

Das Dach der Welt krümmt sich
Olympiade der Schlagstöcke
Lhasa, Hauptstadt der Blutsauger
Beton, Drogen, Nutten, Yaks aus Plastik
Alles im Namen des Uran
Du magst schreien,
Tibet
Doch Menschenrechte
sind der Welt nur Schweigen wert

Das Dach der Welt steht am Abgrund
Atomsprengköpfe säumen den Rand
Nomaden, Raubvogelfraß

---

4 Irène Frain ist Romanschriftstellerin und Historikerin. Sie setzt sich seit
Langem für die Rechte Tibets ein.

Arbeitslager, Schläge, Stechschritt der Militärs
Alles im Namen des Uran
Du magst schreien,
Tibet
Doch Menschenrechte
sind der Welt nur Schweigen wert

Das Dach der Welt ist noch nicht am Ende
Der Himmel ist immer noch blau und klar
Farbe der Hoffnung, so weit das Auge reicht
Vergiss das Uran
Ergreife die Sonne, schreibe darauf:
Tibet!
Es leben die Menschenrechte!
Freiheit für Tibet!

FRAUEN UND DER DIALOG
ZWISCHEN DEN RELIGIONEN

Eure Heiligkeit,
der Dialog zwischen den Religionen ist ein Thema, das Ih-
nen seit jeher sehr am Herzen liegt. Sie tun alles, was in Ihrer
Macht steht, um diesen Dialog in Gang zu halten und voranzu-
bringen. Er ist einer der drei Hauptgründe für Ihre unermüd-
lichen Reisen um die Welt.

Sie sind zwar der oberste Vertreter einer religiösen Tradi-
tion, dennoch liegt Ihnen jeglicher missionarische Impuls fern.
Genauer gesagt sind Sie, Eure Heiligkeit, ein neuer »Missio-
nartypus«. Sie sind in erster Linie ein Pilger im Dienste des
Friedens, und wenn Sie sich zu religiösen Themen äußern, so
tun Sie das nicht in der Absicht, Ihre Zuhörer zu Ihrer Religion
zu bekehren, sondern um deren Religion besser zu verstehen.
Sie tun dies aus dem Willen heraus, den Frieden in der Welt zu
fördern. Dazu müssen Sie sich so weit wie möglich Ihren Ge-
sprächspartnern annähern. Und so geben Sie sich alle Mühe,
keine leeren Worthülsen zu benutzen, wenn Sie von Gott,
von Brüderlichkeit oder gegenseitiger Solidarität sprechen,
und versuchen so, eine Brücke zwischen Andersgläubigen und
Buddhisten zu schlagen. Einen Dialog zu führen setzt voraus,
dass man den anderen versteht. Sie wissen das und setzen alles
daran, dass dies gelingt.

In diesem Universum, das hauptsächlich von Männern be-
stimmt ist, scheinen Frauen ein Schattendasein zu führen. Da-

bei ist die Frau, die Urmutter, in den meisten Weltreligionen, ob theistisch oder nicht-theistisch, und in vielen animistischen Glaubenstraditionen eine der Hauptfiguren. Mag sie nun Maria, Tara, Kannon, Guan Yin, Aischa, Miriam oder Gaia heißen, die Gläubigen nahezu aller Religionen wenden sich an die Frau, an die Urmutter, um Kraft zu schöpfen und ihre Sorgen und Nöte zu überwinden. Sie spendet den Menschen Trost, versteht sie, bestärkt sie. Zu ihr beten sie.

Vor diesem Hintergrund mag man sich fragen, warum im interreligiösen Dialog immer noch so wenige Frauen zu Wort kommen, wenn sie doch in den einzelnen Religionen allgegenwärtig, ja oft sogar deren lebendiges Herz sind.

Bedeutet dies, dass der »Leib« der meisten großen Religionen in zwei Hälften geteilt ist, dass Herz und Geist getrennt bleiben? Hier Dogma, da Hingabe?

Wenn dies tatsächlich der Fall wäre, müsste zuerst mit einer gewissen Dringlichkeit der Dialog zwischen diesen beiden Instanzen in Gang gebracht werden. Die Entwicklung von innerem und äußerem Frieden verläuft im Wesentlichen über die Versöhnung von innerem Sein und äußerer Erscheinungsform. In diesem Zusammenhang kommt den Frauen eine bedeutende Rolle zu, um die Toleranz zwischen den Glaubensgemeinschaften zu fördern und abweichende theoretische Positionen einander näherzubringen. Ihre pragmatische Haltung, ihr Wunsch, machbare Lösungen zu finden, ihre Geduld und der ihnen eigene Elan würden zweifelsohne zum Erfolg führen. Und nebenbei würden sie den Religionen ein anderes, menschlicheres Gesicht geben, ein verständnisvolles und lächelndes Gesicht.

Wir sollten nicht glauben, dass unsere eigene Religion am besten dazu geeignet ist, anderen Wesen zum Glück zu verhelfen.

Gleichgültig, welcher Tradition wir angehören, wir müssen andere religiöse Überzeugungen respektieren, damit wir alle gemeinsam zum Wohl der Menschheit wirken können. Wir sollten nicht glauben, dass unsere eigene Religion am besten dazu geeignet ist, anderen Wesen zum Glück zu verhelfen. Ich selbst war dieser irrigen Ansicht, als ich noch in Tibet lebte. Seitdem jedoch habe ich viele andere Religionen und ihre spirituellen Oberhäupter kennengelernt. Dadurch ist mir bewusst geworden, wie wichtig der Dialog zwischen den Religionen ist. Westliche Buddhisten, die sich dieser Tradition neu angeschlossen haben, sollten darauf achten, dass sie anderen Traditionen mit der rechten Einstellung begegnen. Die großen Weltreligionen weisen in metaphysischer, philosophischer und theologischer Hinsicht Unterschiede auf, doch in puncto Ethik gibt es zahlreiche Parallelen und Überschneidungen. Sie alle betonen die wichtige Bedeutung von Liebe, Mitgefühl, Toleranz, Vergebung und Selbstdisziplin. Sie alle bieten Techniken an, mit denen sich die Menschen von Leid befreien und Glück erlangen können, sowie Methoden, die das Beste im Menschen hervorbringen sollen. Deshalb kann man auch innerhalb jeder spirituellen Richtung Menschen finden, deren Handeln von tiefem Mitgefühl und Liebe bestimmt ist. Mutter Teresa, die ihr Leben den Ärmsten der Armen gewidmet hat, war so ein Mensch und auch Martin Luther King, der sich ganz dem gewaltlosen Kampf für die Gleichberechtigung verschrieben hatte.

Ich stehe einem Wechsel der Religion ablehnend gegenüber.

Die Vielfalt spiritueller Lehren erklärt sich durch den Umstand, dass sie jeweils der Situation und den Bedürfnissen der Menschen angepasst sind, denen sie vermittelt werden. Das lässt sich ein wenig mit einem Restaurantbesuch vergleichen: Jeder bestellt das Gericht, das ihm am meisten zusagt. Die verschiedenen Religionen dieser Welt sind eine Antwort auf dieses Bedürfnis! Jede Religion hat sich in einem ihr eigenen historischen, kulturellen und sozialen Kontext entwickelt und sich jeweils an die Bedürfnisse der Menschen angepasst. Deshalb stehe ich einem Wechsel der Religion ablehnend gegenüber. Keine Religion ist im Besitz der Wahrheit oder besser als die anderen.

Wir können uns mit den Lehren anderer Religionen befassen und gleichzeitig unsere spirituelle Tradition beibehalten.

Wenn wir unsere spirituelle Tradition beibehalten, können wir uns trotzdem mit den Lehren anderer Religionen befassen oder bestimmte Methoden, die der spirituellen Wandlung dienen, daraus entlehnen. Einige meiner christlichen Freunde arbeiten mit bestimmten Meditationstechniken, die dem Geistestraining förderlich sind. Sie wenden auch Visualisierungsübungen an, um Mitgefühl, Geduld und Toleranz zu entwickeln. Buddhisten wiederum lassen sich durch das Christentum inspirieren und schaffen soziale Einrichtungen. Gerade im Bereich der Sozialarbeit blicken die christlichen Orden auf eine lange

Tradition zurück, die im Buddhismus fehlt. Dieser gegenseitige Austausch ist sehr nützlich. Andererseits kann ein Mensch, der einem dieser Wege folgen möchte, nicht gleichzeitig Christ und Buddhist sein. Wenn er sich für einen Weg entscheidet, muss er auch die metaphysischen Grundlagen dieses Weges akzeptieren, die sich von Tradition zu Tradition unterscheiden.

Die eigentliche Aufgabe der Religionen besteht darin, Frieden zu stiften.

Ich bemühe mich stets, die Harmonie zwischen den Religionen zu fördern und alles zu tun, um den interreligiösen Dialog in Gang zu bringen. Ein wirklicher Dialog zwischen den Religionen ist nur möglich, wenn diejenigen, die ihn führen, die Gemeinsamkeiten, aber auch die Unterschiede ihrer jeweiligen Traditionen klar herausstreichen. So kann man sich gegenseitig besser kennenlernen, verstehen und respektieren, während man gleichzeitig die bestehenden Unterschiede zur Kenntnis nimmt. So fällt es den Beteiligten leichter, die Dinge aus einer anderen Perspektive zu betrachten und Konflikte zu vermeiden. Die eigentliche Aufgabe der Religionen besteht darin, Frieden zu stiften. Wir müssen die Voraussetzungen dafür schaffen, dass dies möglich wird, indem wir die menschlichen Werte, die von den Religionen vermittelt werden, in den Vordergrund rücken.

Ein mögliches Thema für einen Dialog und eine Annäherung der Religionen ist die symbolische Rolle der Frau, also der Urmutter.

Alle Religionen können einen Beitrag leisten, um die Zukunft solidarischer und gewaltfrei zu gestalten. Wir müssen uns daran beteiligen, indem wir einen fruchtbaren interreligiösen Dialog in Gang setzen und über Themen diskutieren, die sich aus unseren gemeinsamen Wertvorstellungen ergeben. Ein mögliches Thema für einen Dialog und eine Annäherung der Religionen ist zum Beispiel die symbolische Rolle der Frau, also der Urmutter. So symbolisiert Tara für die Tibeter, Kannon für die Japaner und Guan Yin für die Chinesen den Buddha des Mitgefühls. Dass dieser Aspekt des Buddha in weiblicher Form dargestellt wird, soll seine mütterlichen Eigenschaften hervorheben. So verkörpert diese weibliche Form Schutz, Hilfe, Trost, Beistand, Liebe und Mitgefühl. Man wendet sich vorzugsweise an sie, wenn man mit schwierigen Umständen zu kämpfen hat. Es ist bemerkenswert, dass dieser Aspekt, der bei den Tibetern, Japanern und Chinesen zu finden ist, sich in der christlichen Religion in Gestalt der Jungfrau Maria wiederfindet, die Liebe und Mitgefühl symbolisiert.

Die erste Strategie für den interreligiösen
Dialog: Begegnungen zwischen den Gelehrten
der verschiedenen Religionen organisieren

Seit 1975 verfolge ich vier unterschiedliche Strategien, um den interreligiösen Dialog voranzutreiben. Die erste besteht darin, Begegnungen zwischen den Gelehrten, Hochschulprofessoren und Theologen der verschiedenen Religionen zu organisieren, bei denen sie gemeinsam der Frage nach Unterschieden und Gemeinsamkeiten ihrer Traditionen nachgehen. So wird man sich der Tatsache bewusst, dass das Ziel aller Religionen das gleiche ist, auch wenn sie in metaphysischer Hinsicht sehr unterschiedliche Standpunkte vertreten. Letztlich geht es bei allen um die Förderung derselben menschlichen Werte, nämlich Altruismus, Mitgefühl und Liebe.

Die zweite Strategie: Begegnungen zwischen den Praktizierenden der verschiedenen Traditionen fördern

Die zweite Strategie besteht darin, Begegnungen zwischen den Praktizierenden der verschiedenen Traditionen zu fördern. Ich für meinen Teil habe aus meinen Gesprächen mit Menschen wie Thomas Merton viel über die Praxis der christlichen Religion gelernt. Ihm verdanke ich wichtige Einsichten. Ich habe auch viel von Moslems gelernt, die die Essenz ihrer Religion praktizieren. Ein solcher Dialog hat eine enorme Bedeutung für ein besseres gegenseitiges Verständnis auf der Ebene der gelebten spirituellen Erfahrung.

Die dritte Strategie: Pilgerreisen zu den heiligen Stätten der verschiedenen Religionen unternehmen

Die dritte Strategie ist, Pilgerreisen zu den heiligen Stätten der verschiedenen Religionen zu unternehmen. So habe ich mit den Gläubigen der einzelnen Religionen in Indien einen hinduistischen Tempel, ein buddhistisches Kloster, eine Gebetsstätte der Sikh, eine Moschee und einen Jainatempel besucht. Ich bin auch zwei Mal in Jerusalem gewesen. Das erste Mal, um die Stadt zu besichtigen, das zweite Mal als Pilger. Ich habe Lourdes besucht und Fátima in Portugal. Ich besuche diese Orte nicht, weil ich neugierig bin oder gerne reise, sondern weil ich mit den Pilgern an diese Orte ziehen möchte, an denen Millionen von Menschen zusammenkommen, um ihrem Glauben Ausdruck zu verleihen. Mit ihnen diese Erfahrung zu teilen ist ein Weg, ihnen näherzukommen und sie besser, sozusagen von innen her, zu verstehen.

Die vierte Strategie: An den großen Begegnungen
der verschiedenen religiösen Oberhäupter teilnehmen

Die vierte Strategie besteht schließlich darin, an den großen Begegnungen der verschiedenen religiösen Oberhäupter teilzunehmen, bei denen die gemeinsame Botschaft des Friedens und der Liebe im Vordergrund steht, wie zum Beispiel dem Weltgebetstreffen in Assisi. Dies schafft ein kollektives Verantwortungsbewusstsein und fördert die Bereitschaft, alles zu tun, damit der Weltfrieden Wirklichkeit wird.

Wir brauchen die Religion, um inneren Frieden zu
entwickeln und Frieden zwischen den Völkern zu schaffen.

Im 21. Jahrhundert sind die verschiedenen religiösen Strömungen immer noch mit ihrer wichtigen Mission befasst, der Welt Frieden und Liebe zu bringen. Keine Religion geht davon aus, dass der materielle Fortschritt allein ausreicht, um die Menschen glücklich zu machen. Wir brauchen die Religion, sowohl um inneren Frieden zu entwickeln als auch um Frieden zwischen den Völkern zu schaffen. Das ist heute eine der Hauptaufgaben der Religion. Daher müssen wir alles tun, um harmonische Beziehungen zwischen den verschiedenen religiösen Traditionen zu entwickeln. Dies ist unerlässlich.

Den Frauen kommt naturgemäß eine
vorrangige Rolle im interreligiösen Dialog zu.

Die Mehrheit der Praktizierenden sind in allen Religionen die Frauen. Gewöhnlich zeigen hinduistische und buddhistische Frauen eine größere Hingabe als die Männer. Ich denke, dass dies in den anderen Religionen ähnlich ist. Der Grund hierfür ist wohl, dass die Religionen Werte fördern, die Frauen besonders ansprechen: Liebe und Mitgefühl. Diese Werte, die allen Frauen gemeinsam sind, sind auch allen Religionen gemeinsam. Daher kommt den Frauen naturgemäß eine vorrangige Rolle im interreligiösen Dialog zu. Ich bemühe mich seit Jahrzehnten darum, den Frauen im Buddhismus eine wichtigere Rolle einzuräumen, weil ich weiß, wie viel sie für die grundlegenden Werte dieser Religion tun können. Dies sollte in allen Religionen angestrebt werden.

Der Dalai Lama im Gespräch mit Ségolène Royal (16. August 2008)

Ségolène Royal: Wie schaffen Sie es weiterzumachen, isoliert von Ihrem Land und dem Leid, das es erduldet?

Dalai Lama: Durch die Kraft des Mitgefühls. Mitgefühl bedeutet, dass man an das Wohl der anderen denkt. Ich spreche oft das folgende Gebet: »Möge ich, solange es Menschen gibt, leben, um die Leiden der Welt zu lindern.« Dieses Wunschgebet verleiht mir Kraft und Begeisterung. Wichtig ist, dass man ein gerechtes Ziel und eine reine Absicht hat.

Ségolène Royal: Wie halten Sie Verbindung zu Tibet?

Dalai Lama: Das ist sehr schwierig, denn es wurde eine Nachrichtensperre verhängt. Die Mehrzahl der Mobiltelefone wurde beschlagnahmt. Die Repressionen sind äußerst hart. Es gibt keineswegs den berühmten olympischen Frieden während der Spiele.

Mittlerweile ist die dritte Generation Opfer der chinesischen Unterdrückung. Erst haben sich die Großeltern und Eltern erhoben und nun deren Kinder. Heute demonstrieren nicht mehr nur die Mönche und Nonnen, sondern auch Bauern und Studenten der Universität Peking. Viele Chinesen, vor allem jene, die der Führungsschicht angehören, waren überrascht vom Ausmaß dieser Demonstrationen. Vielleicht sehen sie die Lage jetzt ja objektiver und gehen realistischer an die Dinge heran.

Trotz wirtschaftlicher Fortschritte sind die Tibeter nicht zufrieden mit ihrem Schicksal. Es muss eine Lösung gefunden werden, die mit der chinesischen Verfassung konform geht und für beide Seiten akzeptabel ist. Überall in Tibet werden Kasernen errichtet. Es besteht die reale Gefahr, dass die Tibeter zur Minderheit im eigenen Land werden, ähnlich wie die Mongolen der Inneren Mongolei. Wir haben Informationen erhalten, wonach unmittelbar nach den Olympischen Spielen eine weitere Million Chinesen nach Tibet geschickt werden soll.

Ségolène Royal: Werden diese Chinesen gezwungen, nach Tibet zu gehen, oder gibt es bestimmte Anreize?

Dalai Lama: Es handelt sich um Menschen, die in ihrer Heimat keine Arbeit finden können und in den Genuss finanzieller Unterstützung kommen, wenn sie nach Tibet gehen.

Ségolène Royal: Ich würde gerne Ihre Meinung zu folgendem Plan hören. Ich möchte nach Tibet reisen, um mir persönlich ein Bild von der Lage dort zu machen. Halten Sie das für sinnvoll?

Dalai Lama (mit dem Ausdruck freudiger Überraschung): Das ist eine sehr gute Idee! Das sollten Sie unbedingt tun! Doch Sie sollten in Begleitung von Menschen reisen, die Chinesisch und Tibetisch sprechen. Und Sie sollten die Möglichkeit haben, neben den offiziell arrangierten Begegnungen direkt Kontakt zu den Menschen aufzunehmen. Von einer großen Nation, von einer Supermacht, darf man mit Fug und Recht mehr Transparenz fordern.

Die Chinesen stellen sich auf den Standpunkt, dass es keine Tibetfrage, sondern lediglich eine Dalai-Lama-Frage gibt. Anfang der 80er-Jahre wurden mir von chinesischer Seite Vorschläge unterbreitet, die meinen Status betreffen. Ich gab zur Antwort, dass dieser nicht das Problem sei, sondern die Rechte und die Kultur von sechs Millionen Tibetern. Der tibetische Buddhismus wird in Nordindien, Nepal, der mongolischen Republik und auch von vielen Chinesen praktiziert. Außerdem ist es nicht unwichtig, dass alle großen Flüsse Asiens in Tibet entspringen. Innerhalb von 30 Jahren wurden schon 40 Prozent von Tibets Wäldern abgeholzt. Jede einschneidende ökologische Veränderung in Tibet hätte Folgen für Milliarden von Menschen.

Ségolène Royal: Ich könnte mir verschiedene Initiativen vorstellen. Denken Sie, es wäre sinnvoll, wenn ich versuche, noch vor Ende der Olympischen Spiele eine Begegnung zwischen Ihnen und Vertretern der chinesischen Regierung zu arrangieren? Oder sollte man versuchen, vor den UN-Sicherheitsrat zu gehen oder das Thema auf die Tagesordnung des nächsten Treffens des Europäischen Rates zu setzen?

Dalai Lama: Jede Maßnahme ist sinnvoll. Aber damit solche hoffnungsvollen Initiativen auch Ergebnisse zeitigen, müssen sie an einen echten Fortschritt bei den Autonomieverhandlungen geknüpft sein.

Ihre Frage ist sehr interessant. Ich werde Ihnen ein oder zwei meiner Vertreter schicken, die seit fünf Jahren die Verhandlungen für mich führen, damit Sie ausführlich über den Stand der augenblicklichen Diskussion informiert sind.

Übrigens haben der amerikanische Senat und das amerikanische Repräsentantenhaus sowie das Europäische Parlament Resolutionen verabschiedet, wonach Tibet als besetztes Land zu betrachten ist. Als Reaktion auf diese Stellungnahme stellen die Chinesen systematisch die Forderung, ich solle ihre Version der Geschichte anerkennen, wonach Tibet seit dem 13. Jahrhundert chinesisch sei. Letztlich geht es darum, dass die Chinesen bereit sind, die Fakten anzuerkennen. Hongkong beispielsweise ist chinesisches Staatsgebiet, hat aber Autonomiestatus.

Ségolène Royal: Wie können die Prinzipien, die der Buddhismus vertritt, zu einer Kraft werden, mit der sich diese Probleme lösen lassen? Wie kann Gewaltlosigkeit stärker sein als Gewalt? Wie kann Demut angesichts von Unterdrückung Kraft spenden?

Dalai Lama: Das ist schwierig. Ich für meinen Teil bemühe mich um Mitgefühl. Ich versuche, Unverständnis und Aggression hinzunehmen. Für mich ist das sehr hilfreich. Ich habe volles Vertrauen in das chinesische Volk. Wenn es wirklich wüsste, was in Tibet vorgeht, würde es eine Verhandlungslösung, die beiden Seiten zugutekommt, sicher begrüßen.

Ich bin sehr glücklich über diese Begegnung, bei der Sie, Madame Royal, Ihr Interesse für die Sache der Gerechtigkeit gezeigt haben sowie ein tiefes Interesse für die Spiritualität Tibets, für das Mitgefühl und andere Werte, die der Buddhismus vertritt. Das hat mich tief berührt. Vielen Dank.

Ségolène Royal: Wir wünschen Ihnen alles Gute. Wir sind auf Ihrer Seite, auf der Seite der Freiheit.

Erklärung von Ségolène Royal im Anschluss an das Gespräch

Zunächst möchte ich Ihnen sagen, dass ich einem außerordentlich ethischen wie spirituellen Menschen begegnet bin, einem Menschen, der mit seinem Volk leidet. Tibet ist momentan einer unbarmherzigen Unterdrückung unterworfen. Ich meine, dass in den demokratischen Ländern alle Männer und Frauen, die guten Willens sind, tätig werden sollten, damit eine friedliche Lösung für die Tragödie gefunden wird, die Tibet heute erlebt. Die ebenso vernünftigen wie pazifistischen Lösungsvorschläge, die der Dalai Lama unterbreitet, müssen endlich von den chinesischen Machthabern gehört werden.

[...] Ich glaube, dass China sein internationales Ansehen vergrößern würde, wenn es seine Versprechen hielte. [...] Ich bin mir sicher, dass es innerhalb der chinesischen Bevölkerung positive Kräfte gibt, die sich eine friedliche Lösung wünschen. Tibet geht nicht nur die Tibeter etwas an, sondern, wie der Dalai Lama es gesagt hat, die gesamte Menschheit. Denn jedes Mal, wenn irgendwo auf der Welt ein Mensch leidet, wenn Freiheitsrechte beschnitten, Menschenrechte verhöhnt werden, eine Religion herabgewürdigt, eine Kultur ausgelöscht wird, so betrifft uns das alle, und heute leidet die Menschheit als Ganzes mit den Tibetern.

50 Jahre Exil

Eure Heiligkeit,
die Jahreszahlen, deren letzte Ziffer eine »9« ist, markieren
häufig entscheidende Wendepunkte für Ihre Landsleute, für
Tibet und für Sie selbst:

– 1949: Mao Zedong ergreift die Macht in China. Er weist die
Forderungen der Tibeter nach Unabhängigkeit zurück. Ein
Jahr später entsendet er Truppen, um – wie er sagt – » Tibet
von der Unterdrückung durch das mönchische Feudalregime
zu befreien«.
   Fast zeitgleich mit der Invasion der Volksbefreiungsarmee
in Ihrem Land werden Sie im Alter von 15 Jahren als geistliches
und weltliches Oberhaupt Tibets inthronisiert. Nachdem Sie
im Alter von zwei Jahren als Reinkarnation des 13. Dalai
Lama erkannt worden waren, beginnen Sie mit sechs Jahren
Ihre klösterliche Ausbildung.

– 1959: Die zahlenmäßig überlegenen und besser bewaffneten
chinesischen Truppen siegen in dem Krieg, den sie nunmehr
seit fast zehn Jahren gegen die Tibeter führen.
   Sie erlangen mit Auszeichnung den Titel eines Geshe, ent-
sprechend etwa dem Doktor der Philosophie. Dieser Titel
ist innerhalb der Gelugpa-Tradition, der Sie angehören, der
höchste mögliche Studienabschluss.

Da Ihr Leben in Gefahr ist, müssen Sie am 17. März aus dem »Land des Schnees« fliehen. Am 31. März treffen Sie in Indien ein. Dort bilden Sie die erste tibetische Exilregierung.

– 1979: Deng Xiaoping erklärt, dass man in der Tibetfrage »außer der Unabhängigkeit alles diskutieren« könne. Aus dem Wunsch heraus, für Ihr Land etwas zu bewirken, fordern Sie ein autonomes Tibet innerhalb der Volksrepublik China, wobei Sie sich auf die chinesische Verfassung berufen. Die chinesische Regierung geht jedoch auf Ihre Vorschläge nicht ein. Die Unterdrückung Ihrer Landsleute auf dem »Dach der Welt« geht weiter.

– 1989: Sie erhalten den Friedensnobelpreis als Anerkennung Ihres gewaltlosen Kampfes.

– 2009: Sie leben mit einem Teil Ihrer Landsleute seit mittlerweile 50 Jahren im Exil. Am 6. Juli feiern Sie Ihren 74. Geburtstag.

1935 als Kind einer Familie von Bauern in der Provinz Amdo im Nordosten Tibets geboren, blicken Sie auf ein außergewöhnliches Leben zurück. Hinter den Ereignissen in Ihrem Leben ist ein unglaubliches Karma am Wirken: Mit knapp zwei Jahren werden Sie als politisches und religiöses Oberhaupt der Tibeter anerkannt; im »abgeschotteten« Tibet Ihrer Kindheit und Jugend sind Sie eine lebende Gottheit; später werden Sie zum Souverän, der aller Rechte und Privilegien beraubt ist, und müssen nach Indien ins Exil; Sie bereisen die ganze Welt als Anwalt der Menschenrechte und der Rechte Ihres Volkes, als Förderer des Dialogs zwischen den Religionen und als Lehrer des Buddhismus.

Im Laufe der vergangenen 50 Jahre sind Sie mit allen wich-
tigen Regierungschefs dieser Welt sowie zahlreichen Vertretern
der großen Religionen zusammengetroffen und haben viele
andere berühmte Persönlichkeiten kennengelernt. Darüber
hinaus sind sie natürlich den Menschen begegnet, die zu Ih-
ren Vorträgen gekommen sind, Menschen, die meist niemand
kennt, die aber indirekt dazu beitragen, dass Ihre spirituelle
Tradition und Ihre Kultur überleben.

Viele haben gehofft, dass die Olympischen Spiele, die im
August 2008 in China stattfanden, den Koloss, der Ihr Land
annektiert hat, zumindest ein bisschen ins Wanken bringen
würden. Es wäre für den Westen eine Gelegenheit gewesen,
endlich aufzuwachen und etwas dafür zu tun, dass sich die
Lage in Tibet verbessert. Doch das ist nicht geschehen. Im
Moment leben auf dem »Dach der Welt« circa sechs Millionen
Tibeter mit über sieben Millionen Chinesen zusammen. Die
Tibeter werden erdrückt von der immer extremeren Unterjo-
chung durch China. Der Kampf des 14. Dalai Lama, des Mön-
ches Tenzin Gyatso, des »Kundun« oder der »verehrungswür-
digen Präsenz«, scheint heute zu erlahmen. Es scheint sogar,
dass der Träger des Friedensnobelpreises diesen Kampf von
David gegen Goliath ganz aufgeben will.

Nach 50 Jahren im Exil zieht das spirituelle und weltliche
Oberhaupt der Tibeter Bilanz, während die einzigartige Kultur
seines Volkes im Begriff ist, vor den Augen einer mehr oder
weniger desinteressierten Weltöffentlichkeit zu verschwinden.
Nun stellt aber das große Wissen der Tibeter über den Geist
einen überaus kostbaren Schatz für die Generationen nach
uns dar. Dieses Wissen liefert unter anderem den Neurowis-
senschaften seit mehreren Jahrzehnten fruchtbare Impulse.
Zahlreiche Onkologen, Palliativmediziner sowie Spezialisten,
die beispielsweise Menschen mit Stressproblemen behandeln,
wenden dieses Wissen bereits in der Praxis an. Und Prakti-

zierende mit fortgeschrittener Meditationserfahrung wie der Mönch Matthieu Ricard nehmen für die Wissenschaft an Untersuchungen teil, damit die gewonnenen Forschungsergebnisse uns helfen können, ein glücklicheres Leben zu führen. Ricard selbst sagt dazu: »Das Exil des tibetischen Buddhismus hat es der Welt ermöglicht, eine Wissenschaft der Kontemplation kennenzulernen. Damit können wir die Mechanismen unseres Geistes, unserer Gedanken und Emotionen besser verstehen, die zu unserem Glück oder Unglück beitragen. Zweieinhalb Jahrtausende empirischer Erfahrung treffen auf die westlichen Neurowissenschaften. Der tibetische Buddhismus, den man auch als Wissenschaft vom Geist bezeichnet, ist eine ›innere‹, kontemplative Wissenschaft […] die Physik und Biologie erforschen dagegen das ›Außen‹, die Welt der Phänomene. Die Methoden widersprechen sich allerdings nicht im Geringsten, sondern ergänzen einander.«

Als die Arbeiten an diesem Buch kurz vor dem Abschluss standen, haben Sie, Eure Heiligkeit, eine Erklärung abgegeben, die einem Paukenschlag glich und bei allen Verteidigern der Menschenrechte und der Rechte der Tibeter Betroffenheit ausgelöst hat. Am 25. Oktober 2008 erklärten Sie bei einem Empfang im nordindischen Dharamsala, dass Sie nicht mehr an die Möglichkeit eines autonomen Tibet glauben. Diese Aussage kam für uns alle, die wir seit Jahren daran gewohnt sind, Sie mit ebenso viel Überzeugung wie Zuversicht für dieses Ziel kämpfen zu sehen, völlig unerwartet. Schließlich waren wir davon überzeugt, dass Sie letztlich stärker sein würden als der chinesische Riese. Dieser ungleiche Kampf stand für viele von uns für die Kraft des Geistes, wie sie der Buddhismus lehrt, sowie für die außergewöhnliche Bedeutung, die wir der Rolle des »Dalai Lama« unbewusst beimessen. Für Ihre Landsleute sind Sie eine lebende Gottheit, und ein bisschen sind Sie das mittlerweile auch für uns geworden. Sie haben *uns gelehrt, an das Unmögliche zu glauben und niemals die Hoffnung aufzugeben. Es wäre zu wünschen, dass Ihre Erklärung endlich das schlafende Gewissen des Westens wachrüttelt und die internationale Gemeinschaft für die Tibeter Partei ergreift.*

Aufgrund der Exilsituation konnte ich viele
Reisen unternehmen, zu denen ich sonst
vielleicht nie die Gelegenheit gehabt hätte.

Die Exilsituation hat es mir ermöglicht, viele Reisen zu unternehmen, zu denen ich vielleicht nie Gelegenheit gehabt hätte, wenn ich in Tibet geblieben wäre. Es waren in der Hauptsache drei Gründe, die mich zu diesen Reisen bewogen haben. Zunächst einmal war es mir wichtig, das Bewusstsein für die Tatsache zu schärfen, wie wichtig bestimmte menschliche Werte wie Selbstlosigkeit und Anteilnahme für uns sind. Diese Werte sind für uns essenziell und biologisch notwendig. Wir brauchen sie, um zu überleben und glücklich zu sein.

Sodann war es mir ein Anliegen, etwas für ein harmonischeres Miteinander der Religionen sowie für mehr Kommunikation und gegenseitigen Respekt zu tun. Denn zahlreiche Konflikte haben ihre Ursache darin, dass wir uns zu wenig kennen, zu wenig miteinander reden und einander zu wenig verstehen.

Darüber hinaus engagiere ich mich für Tibet. Dort leben im Moment sechs Millionen Tibeter. Nimmt man die unmittelbar an Tibet angrenzenden Gebiete, so hängen über 100 Millionen Menschen von Tibet ab. Nordindien, Pakistan und Bangladesch hängen von Flüssen ab, die in Tibet entspringen, nämlich dem Ganges, dem Indus und dem Brahmaputra. Gleiches gilt für Vietnam und den Mekong sowie für China und den Gelben Fluss sowie den Jangtse und einige andere Flüsse.

Von den genannten Aktivitäten habe ich mir die beiden ersten selbst ausgesucht. Solange ich lebe, werde ich mich für diese Belange einsetzen. Was den dritten Punkt angeht, so sind die damit verbundenen Aktivitäten in gewisser Weise keine freiwillige Entscheidung. Sie hängen vielmehr mit der Geschichte Tibets und der Institution des Dalai Lama zusammen.

Im Exil kann man die Freiheit kennenlernen.

In den Jahren zwischen 1940 und 1950, als die Volksrepublik China ihre Invasionstruppen in mein Land schickte, hatte ich das Amt des Dalai Lama inne. Beinahe zehn Jahre lang blieb ich das politische wie spirituelle Oberhaupt meines Volkes. In dieser Zeit habe ich alles getan, um zwischen unseren beiden Ländern wieder friedliche Beziehungen herzustellen. Doch dieses Vorhaben stellte sich als unmöglich heraus, und ich musste mir widerstrebend eingestehen, dass ich vom Exil aus mehr für mein Volk würde tun können. Im Zuge der chinesischen Besatzung hatte ich meine Freiheit weitgehend eingebüßt. Seit meiner Flucht aus Tibet lebe ich im indischen Exil. Ich habe dort wahre Gedanken-, Meinungs- und Redefreiheit wiedererlangt. Aufgrund der Tragödie Tibets gilt das auch für mehr als 100 000 Tibeter. Wir leben fern unserer Heimat, aber zumindest haben wir die Möglichkeit, die Freiheit kennenzulernen und mit ihr die Außenwelt.

Dass die Tibeter im Exil leben, hat karmische Ursachen.

Dass die Tibeter im Exil leben, hat karmische Ursachen. Der Buddhismus lehrt, dass nicht nur der Einzelne, sondern auch Familien, Gruppen und Nationen ihr Karma haben.

Die Hauptursachen für den chinesischen Überfall auf Tibet sind wohl in früheren Zeiten, lange vor dem 20. Jahrhundert, geschaffen worden.

Darüber hinaus haben die Tibeter selbst auch ihren Teil zu dieser Situation beigetragen, da sie bestimmte Tatsachen ignoriert und sich nicht darum gekümmert haben, was im Rest der Welt vor sich ging. Bis in die 50er-Jahre waren viele Tibeter der Ansicht, das »Dach der Welt« sei ein ganz besonderer Ort, an dem die normalen Gesetze der Menschen nicht gelten. Die meisten Würdenträger, die mit der Landesverteidigung betraut waren, glaubten, dass sich unsichtbare Beschützer um diese Aufgabe kümmern würden. Als wir von den Chinesen überfallen wurden, haben die Verantwortlichen in der Regierung unsere Verteidigung in die Hände der zuständigen Gottheiten gelegt, ohne sich darum zu kümmern, was die Prophezeiungen und Orakel sagten. Sie waren fest davon überzeugt, dass unsere Götter uns vor den Chinesen und allen anderen Invasoren schützen würden. Was mich angeht, so habe ich ihnen geglaubt. Ich war dazu erzogen worden, ihnen zu vertrauen. Ich musste der Wirklichkeit schließlich ins Auge blicken und erkennen, dass die Dinge sich nicht so verhielten, wie man es mir erzählt hatte. Ich musste begreifen, dass Gebete und Rituale nicht vor Gewehren und Kanonen schützen.

Im Exil habe ich gelernt, mein Land mit einem gewissen Abstand zu betrachten.

Das Exil hat noch einen anderen positiven Aspekt. Ich habe dort gelernt, mein Land und mein Leben mit einem gewissen Abstand zu betrachten. Dadurch weiß ich jetzt, welche Last die zahlreichen Rituale darstellten, die das ganze Jahr über stattfanden. Es handelte sich um eine endlose Abfolge von Zeremonien, die jeder überaus wichtig nahm und die jeden Aspekt unseres Lebens bis ins Kleinste regelten. Sie hatten nichts damit zu tun, wie Menschen normalerweise leben. Vom Exil aus habe ich die ganze Welt bereist, ich habe andere Völker und andere Religionen kennengelernt. Ich hatte dadurch die Möglichkeit, neue Dinge zu lernen, und konnte andere Menschen an meinen Vorstellungen und Erfahrungen teilhaben lassen. Dieser Gedankenaustausch ließ mich etliche überkommene Einstellungen, wie zum Beispiel unser Verhältnis zu unserem Land, überdenken. Wir glaubten, unser Land gehöre uns und sei uneinnehmbar. Der Krieg hat diese Vorstellung auf sehr schmerzliche Weise widerlegt. Wir haben unsere Schwäche erkannt. Doch wir haben auch erkannt, dass wir, als wir ins Exil gingen, damit unsere Identität nicht verloren, dass sie vielmehr in uns weiterlebt und wir immer Tibeter sein werden.

Durch den Kontakt mit der übrigen Welt
wurde die tibetische Gesellschaft demokratischer.

Der Kontakt mit der übrigen Welt hatte auch zur Folge, dass die tibetische Gesellschaft demokratischer wurde. Unsere größte Errungenschaft nach 50 Jahren Exil ist, dass an unserer Spitze nun ein gewählter politischer Führer, der *Kalon Tripa* (der Premierminister), steht. Nach den letzten Wahlen betrachte ich mich als »Altersteilzeitler«. Die täglichen Regierungsgeschäfte werden mittlerweile von demokratisch gewählten Ministern unter der Führung des Premierministers erledigt.

Unser Exil führte dazu, dass die Arbeit am Geist,
die das Vajrayana anbietet, im Westen bekannt wurde.

Schließlich hat unser Exil dazu geführt, dass die wunderbare Arbeit am Geist, die der Vajrayana anbietet, im Westen bekannt wurde.

Der Buddhismus geht seit jeher davon aus, dass der menschliche Geist ein außergewöhnliches Potenzial zur Veränderung hat. Dieses Potenzial können wir erfahren, wenn wir Meditationstechniken zur Entwicklung von Mitgefühl und zur Erforschung des Geistes anwenden. Die Neurowissenschaften zeigen ein lebhaftes Interesse an der kontemplativen Tradition des Buddhismus und führen Experimente mit erfahrenen Meditierenden durch. Solche Menschen sind fähig, sich besonders zu konzentrieren, und sie verfügen über ein hohes Maß an Achtsamkeit. Darüber hinaus können sie ihre Emotionen gezielt steuern und transformieren. In diesem Bereich bieten sich viele Perspektiven für eine Zusammenarbeit zwischen Wissenschaft und Buddhismus und es ergeben sich immer neue Fragestellungen. Eine enge Zusammenarbeit zwischen diesen beiden »Forschungsrichtungen« – Buddhismus und Neurowissenschaften – könnte dazu beitragen, dass wir die vielschichtige Welt der inneren Erfahrung, die wir »den Geist« nennen, besser verstehen.

Zu Beginn des neuen Jahrtausends hat Tibet seine
Unabhängigkeit verloren. Jetzt zählt die Bewahrung der
tibetischen Kultur mit ihren Werten und ihrem Wissen.

Tibet hat zu Beginn des neuen Jahrtausends seine Unabhängigkeit verloren. Was jetzt zählt, ist die Bewahrung der tibetischen Kultur mit ihren Werten und ihrem Wissen. Wir möchten dies durch auf gegenseitiger Achtung basierende Verhandlungen erreichen. Diesbezüglich lassen wir uns von den Worten Deng Xiaopings inspirieren: »Ein Land, zwei Systeme.« Doch die chinesische Regierung will uns hier nicht folgen, zumindest nicht im Moment. Aus diesem Grund darf der internationale Druck nicht nachlassen, denn mitunter zeigen sich die Chinesen dafür durchaus empfänglich. Das hat beispielsweise der Protest rund um die Olympischen Spiele gezeigt. China ist ein riesiges Land, das nicht ewig abseits der Freiheit leben kann.

Als die Olympischen Spiele stattfanden,
beschloss China, mich erneut auszugrenzen.

Als die Olympischen Spiele begannen, kehrte China zu der Praxis zurück, mich als »Kriminellen«, als »Vaterlandsverräter«, »Separatisten« und »Wolf in Menschengestalt« zu bezeichnen. Solche Beleidigungen prallen allerdings an mir ab! Es sind nur leere Worte. Wenn es den Chinesen Freude macht, mich so zu bezeichnen, können sie damit ruhig fortfahren. Ich unterziehe mich gerne einem Bluttest, um zu beweisen, dass ich ein Mensch und kein Tier bin. Einspruch erhebe ich allerdings, wenn die Chinesen meine tibetischen Landsleute zwingen, mich zu beschimpfen oder mich zu verleugnen. Dies ist ein Angriff auf das Recht auf freie Meinungsäußerung. Und ein Angriff auf die freie Religionsausübung. Peking bezeichnet dieses Vorgehen allerdings als »Kampagne zur Erziehung zum Patriotismus«.

Wir fordern eine Politik, die auf einem »mittleren
Weg« gründet und beide Seiten zufriedenstellt.

Das Tibetproblem kann nur gelöst werden, wenn die Interessen beider Seiten berücksichtigt werden. Daher fordern wir eine Politik, die auf einem »mittleren Weg« gründet und beide Seiten zufriedenstellt. Diese Forderung versuchen wir seit vielen Jahren umzusetzen. Seit dem Jahr 2002 haben meine Unterhändler mit den Verantwortlichen der Volksrepublik China sieben Mal intensive Gespräche geführt und diese Forderungen dabei zur Sprache gebracht.

Die letzte Begegnung mit den Chinesen
war ein Misserfolg auf der ganzen Linie.

Trotz dieser Gespräche sind die brutalen Repressionen in Tibet in den letzten Jahren wieder stärker geworden. Doch meine Entschlossenheit, mich politisch für einen »mittleren Weg« einzusetzen und den Dialog mit der chinesischen Regierung fortzusetzen, ist ungebrochen.

Die letzte Begegnung mit den Chinesen war allerdings ein Misserfolg auf der ganzen Linie. Viele Menschen verdächtigen Peking, es habe die Gespräche ohnehin nur aufgenommen, um Zeit zu gewinnen, da sich anlässlich der Olympischen Spiele eine Woge der Kritik über das Land ergoss. Aufgrund dieses angeblichen »Dialogs« konnten sie sagen: »Seht, wir verhandeln doch. Ihr habt keinen Grund, die Olympischen Spiele zu boykottieren.«

Die politische »Umerziehung« der Tibeter durch Folter und Unterdrückung hat während der letzten 50 Jahre nicht funktioniert. Den Tibetern sind ihre kulturelle Identität und Spiritualität wichtig. Sie lassen sich davon nicht abbringen. Eben aus diesem Grund siedelt China immer mehr Han-Chinesen in Tibet an, damit die Tibeter schließlich im eigenen Land in der Unterzahl sind.

Die Tibeter müssen die Möglichkeit bekommen, sich in ihrem eigenen Land selbst um Fragen der Kultur, Religion und Umwelt zu kümmern. Wir streben also nicht nach vollständiger Unabhängigkeit innerhalb eines eigenen Staates. Aber die chinesischen Führer verweigern sich dieser Lösung. Sie wollen weiterhin die absolute Kontrolle über dieses an Ressourcen so reiche Land. Daher unterdrücken sie die Bevölkerung mit großer Brutalität, damit die Tibeter am Ende zur Minderheit im eigenen Land werden.

Ich werde mich zurückziehen.

Mein Vorschlag eines »mittleren Weges« hat bei den chinesischen Verantwortlichen zu keinerlei Reaktion geführt. Aus diesem Grund werde ich mich weitgehend zurückziehen. Mein Vertrauen in die chinesische Regierung hat entschieden gelitten. Die Unterdrückung in Tibet nimmt weiter zu. Ich kann nicht so tun, als wäre alles in Ordnung. Die Tibeter sind zum Tode verurteilt. Dieses uralte Volk mit seinem kulturellen Erbe ist dabei auszusterben. Die heutige Situation kommt einer militärischen Besetzung ganz Tibets gleich. Als wäre Tibet unter Kriegsrecht. Angst, Terror und die Kampagnen zur politischen Umerziehung verursachen sehr viel Leid. Ich muss mein Scheitern daher eingestehen. Unsere Vorschläge zur Lösung der Probleme sind ins Leere gelaufen, und die Kritik innerhalb der tibetischen Gemeinde wächst.

Ich werde mich weiterhin für menschliche Werte
und die Harmonie unter den Religionen einsetzen.

Von nun an werde ich mich strikt neutral verhalten. Äußere ich nämlich meine Meinung, wird diese häufig zu einer Art Vorgabe und damit zum Hindernis für eine freie Meinungsäußerung. Ich kann es kaum erwarten, mich vollständig zurückzuziehen. Natürlich gibt es Menschen, die mir sagen, der Dalai Lama könne sich nicht heraushalten. Ihnen entgegne ich, dass jeder sich zurückziehen darf. Das ist mein Recht als Mensch. Doch ich werde mich weiterhin für menschliche Werte und die Harmonie unter den Religionen einsetzen.

Ich möchte gerne glauben, dass noch nicht alles verloren ist.

Unsere politischen Verhandlungen mit China sind gescheitert. Doch die Bewegung der Tibeter wird gewaltfrei bleiben. Darüber sind sich alle Betroffenen einig. Trotz unseres Scheiterns glaube ich an einen Dialog mit China über eine mögliche Autonomie Tibets. Denn in jedem Konflikt ist der Dialog die einzige Möglichkeit zu einer Lösung. Es kann keine Fortschritte geben, wenn man nicht miteinander spricht.

Ich habe die Hoffnung verloren, dass wir mit China zu einer Regelung finden. Doch ich werde den Dialog mit den Chinesen aufrechterhalten. Welche Zukunft die tibetische Sache hat, liegt im Dunkeln. Doch ich möchte gerne glauben, dass noch nicht alles verloren ist.

»Möge das Wohl aller Wesen sich ohne Hindernisse erfüllen.«

ANHANG

Danksagung

Mein Dank geht an Tulku Pema Wangyal und Dagpo Rinpoche, zwei Meister, die meinen Weg »schon immer« begleitet haben. Ihnen verdanke ich es, dass mein Leben von mehr Klarheit und Großzügigkeit erfüllt ist.

Jampal Chosang, den Vertreter Seiner Heiligkeit im Tibetbüro in Paris, für seine Hilfe und freundliche Unterstützung.

Jigme Dorje und Rebecca Bissett-Buechel, zwei wahrhaft großmütige Freunde.

Erik Arnoult Orsenna, meinen treuen Freund, der mir hilft, viele weiße Steine auf meinem Lebensweg zu setzen.

Marie-Stella Boussemart, deren Hingabe und Intelligenz eine Freude für den Geist sind.

Patrick Mahé, meinen Freund und Herausgeber, für seinen außerordentlichen Klarblick und sein Vertrauen.

Fabrice Midal, dessen Engelsgeduld und Freundschaft ebenso seltene wie kostbare Tugenden sind. Und Bruno, der Toleranz und Güte wie in einem Kunstwerk miteinander verbindet.

Marie Jaoul de Poncheville, die sich beispielhaft für Tibet und die Sache der Frauen einsetzt.

Matthieu Ricard und Yanhe le Toumelin, Mutter und Sohn sind in vielfacher Hinsicht außergewöhnliche Menschen.

Jean-Louis Servan-Schreiber, der es verstand, den Frauen zuzuhören und ihnen eine Stimme zu geben.

Alexis Villain für seine Hilfe.

Ein abschließendes Dankeschön an Alice, Freddie, Laurence, Marie, Marijo, Mélo, Sylvie und alle anderen Freundinnen.

Catherine Barry

Glossar

Bodhisattva

Ein Wesen, das zwar den Zustand der Befreiung erreicht hat, aber aus Mitgefühl mit den anderen Wesen auf die Buddhaschaft und damit den Eintritt ins Nirwana verzichtet. Ein Bodhisattva widmet sein ganzes Dasein dem Wohl der anderen und hilft ihnen, dauerhaftes Glück zu erlangen, indem er ihnen den Weg zur Befreiung vom Leid und seinen Ursachen aufzeigt.

Buddhadharma/Dharma

Die Lehre des Buddha.

Karma

Sanskrit für »Handlung, Tat«. Das Prinzip des Karma existiert in mehreren östlichen Religionen, so auch im Buddhismus. Es beschreibt den Zyklus von Ursache und Wirkung, dem alle fühlenden Wesen unterworfen sind. Speziell im Buddhismus bezieht es sich auf Handlungen, denen eine bestimmte Absicht, ein bestimmter Willensakt, vorausgeht. Der Begriff »Karma« umfasst das gesamte Verhalten und seine Auswirkungen. Nach diesem Verständnis ist jedes Ereignis eine Folge des Karmas. Der Karmabegriff geht also über die moralischen Dimensionen von Gut und Böse hinaus.

Mahayana

Eine der Hauptschulen des Buddhismus, die auch unter dem Namen »Großes Fahrzeug« bekannt ist. Der Mahayana-Buddhismus ist vor allem in Japan, Korea, Nepal, Tibet, der Mongolei, Vietnam und China vertreten.

Nirwana

Zustand gelassener Glückseligkeit und Fülle jenseits von Leiden und Leid erzeugenden Emotionen, in dem die Ursachen der Wiedergeburt sowie alle Erscheinungen erloschen sind. Durch den Eintritt in das Nirwana findet der buddhistische Übungsweg seine Vollendung. Erreicht wird dieses Ziel durch die Aufgabe von negativen Emotionen und Anhaftung.

Samsara

Der ewige Kreislauf der Wiedergeburten. Es wird durch Erlangen der Buddhaschaft beendet, mit der auch alle karmabildenden Kräfte erlöschen.

Theravada

Die »Schule der Alten«. Von ursprünglich 18 buddhistischen Schulen, die in Indien vor dem Aufkommen des Mahayana-Buddhismus existierten, ist dies die einzige heute noch bestehende. Der Theravada-Buddhismus bewahrt die in Pali verfassten Lehren des Urbuddhismus und ist heute hauptsächlich in Sri Lanka verbreitet, das auch als die »zweite Wiege des Buddhismus« bezeichnet wird. Der Theravada-Buddhismus sorgte für die Überlieferung der Sutren, der Lehren des historischen Buddha Shakyamuni.

Tulku

Bezeichnet im tibetischen Buddhismus, dem Vajrayana-Buddhismus, einen spirituellen Lehrer, der als Wiedergeburt eines hoch verwirklichten Lamas erkannt wurde. Ein Tulku wählt die Umstände seiner Wiedergeburt bewusst, um anderen Wesen zu helfen, sich aus dem Kreislauf der Existenzen zu befreien.

Vajrayana

Buddhistische Schule, deren wesentliche Erscheinungsform der tibetische Buddhismus ist. Hauptsächlich in Tibet, Nepal, Ladakh, Bhutan,

Zanskar, der Mongolei, Kalmückien sowie Japan verbreitet. Heute auch in vielen westlichen Ländern vertreten.

Vinaya

Sammlung buddhistischer Ordensregeln, die vom historischen Buddha erlassen wurden. Sie enthält detaillierte Anweisungen, wie das Ziel des monastischen Lebens, das Aufgeben von Anhaftung, Begierde und allen störenden Gefühlen, ohne Umwege zu erreichen ist. Sie helfen den Ordinierten, ihre Zeit beziehungsweise ihre Energie nicht mit nutzlosen Beschäftigungen zu verschwenden. Nonnen müssen eine größere Zahl an Vorschriften befolgen als Mönche.

Yeshe Tsogyäl

Bedeutende tibetische Meisterin. Ihr Name bedeutet »ursprüngliche Weisheit«. In Tibet gilt sie als Dakini, als Übermittlerin der Erkenntnis beziehungsweise als weiblicher Buddha. Der Überlieferung zufolge soll diese Prinzessin aus dem Fürstentum Karchen zwischen 777 und 837 oder zwischen 757 und 817 gelebt haben und die Gattin von König Trisong Detsen (755–797) gewesen sein. Sie wurde die Gefährtin und Dharma-Nachfolgerin Padmasambhavas, der im achten Jahrhundert den Buddhismus in Tibet einführte. Sie besaß ein vollkommenes Gedächtnis und wurde so zur Bewahrerin der vollständigen Lehren Padmasambhavas. Mitunter wird sie auch als Reinkarnation der Mutter Buddhas betrachtet. Sie ist eine der großen weiblichen Gestalten des Vajrayana und inspirierendes Vorbild für weibliche Dharmapraktizierende.

Kurzer Überblick zur Geschichte Tibets

127 v. Chr. – 842 n. Chr.
Tibet steht unter der Herrschaft der 41 Könige der Yarlung-Dynastie. Mit der Krönung Nyatri Tsenpos zum König der tibetischen Stämme im Yarlung-Tal beginnt in Tibet 127 v. Chr. eine neue Zeitrechnung. Man nennt dieses Jahr auch das »tibetische Königsjahr«. 2002 zum Beispiel war nach tibetischer Zeitrechnung das Jahr 2129 (2002 plus 127 ergibt 2129).

617 – 649
König Songtsen Gampo festigt die erste Monarchie Tibets. Das Reich wird nach Westen (Guge) und Nordosten (bis zum Kokonor-See) erweitert.

634 – 641
Kriegerische Auseinandersetzungen mit China werden durch eine Heirat des Königs mit der chinesischen Prinzessin Wencheng beigelegt.

Um 775
Gründung Samyes, des ältesten buddhistischen Klosters Tibets, durch den indischen Tantriker Padmasambhava, der vom König Trisong Detsen (755 – 797) ins Land gerufen wurde, um den Buddhismus zu verbreiten.

836 – 842
König Lang Dharma verfolgt Buddhisten. Die alte Bön-Religion lebt wieder auf.

213

Um 970

Wiederbelebung des Buddhismus (bekannt als »zweite Verbreitung«)

1249–1350

Tibet steht unter der Herrschaft der zwölf Sakya-Hierarchen. Das Sakya-Kloster ist das Zentrum der Macht. Unter der Herrschaft der Sakya-Schule erkennt Tibet die mongolische Oberhoheit an, im Gegenzug nehmen die Mongolen den buddhistischen Glauben an.

1350–1436

Tibet steht unter der Herrschaft der elf Phagzhu-Hierarchen. Nedong ist das Zentrum der Macht.

1357–1419

Der Reformer Tsongkhapa gründet die Gelugpa-Schule (die »Schule der Tugendhaften«), die zunehmend an Einfluss gewinnt und unter dem 5. Dalai Lama praktisch zur Staatsreligion wird.

1436–1566

Tibet wird von den vier Rinpung-Fürsten regiert. Shigatse ist das Zentrum der Macht.

1566–1642

Tibet steht unter der Herrschaft der drei Tsangpa-Könige. Shigatse ist weiterhin das Zentrum der Macht.

1578

Sönam Gyatso erhält vom Mongolenherrscher Altan Khan als Erster den Ehrentitel »Dalai Lama« (wörtlich: »Ozean der Weisheit«). Seine beiden Vorgänger werden posthum mit dem gleichen Titel bedacht, sodass Sönam Gyatso als 3. Dalai Lama in die Geschichte eingeht.

1617–1682

Der 5. Dalai Lama, ein großer Staatsmann und Gelehrter, erbaut den Potala-Palast in Lhasa, der zum Wahrzeichen Tibets wird. Unter dem Großen Fünften wird Tibet zu einer Theokratie. Die Dalai Lamas von Tibet werden zu spirituellen Lehrern der mandschurischen Kaiser der Qing-Dynastie; China wird zum Patron Tibets.

1642–1959

Tibet wird von den Dalai Lamas regiert. Lhasa ist das Zentrum der Macht.

1697–1895

Jeweils nur kurze Herrschaft des 6. bis 12. Dalai Lama; teilweise sterben diese Dalai Lamas sehr jung unter mysteriösen Umständen.

1895–1933

Herrschaft des 13. Dalai Lama Thubten Gyatso. Er gewinnt als Reformator und Politiker großes Ansehen und führt Tibet ab 1912/13 wieder in die Unabhängigkeit, versäumt es aber, diese international anerkennen zu lassen und abzusichern. Tibet riegelt sich von der Außenwelt ab.

1904

Eine britische Militäraktion, eine angebliche »Strafexpedition« unter Oberst Younghusband, erzwingt die Öffnung Tibets für westliche Mächte. Zwei britische Handelsposten werden in Tibet eingerichtet.

1911

Nach dem Sturz der Qing-Dynastie in China werden die chinesischen Truppen aus Lhasa vertrieben. Tibet erlangt somit seine Unabhängigkeit.

06.07.1935

Geburt des 14. Dalai Lama Tenzin Gyatso.

01.10.1949

Mao Zedong ruft die kommunistische Volksrepublik China aus. Die Volksbefreiungsarmee gewinnt die Kontrolle über große Teile Amdos (Nordost-Tibet).

17.11.1950

Der 14. Dalai Lama übernimmt (vorzeitig) als 16-Jähriger die Regierungsgeschäfte.

23.05.1951

Eine tibetische Delegation unterzeichnet in Peking unter Zwang das »17-Punkte-Abkommen zur friedlichen Befreiung Tibets«.

10.03.1959

Volksaufstand der Tibeter gegen die chinesische Fremdherrschaft, der blutig niedergeschlagen wird. Tausende Tibeter kommen ums Leben, der Dalai Lama flieht nach Indien. Seitdem sind ihm Hunderttausende ins Exil gefolgt. Nach der Niederschlagung des Aufstands setzt Peking jene »demokratischen Reformen« in ganz Tibet durch, denen bis zum Beginn der Kulturrevolution 1966 über 90 Prozent der Klöster, Tempel und Kulturdenkmäler zum Opfer fallen.

Seit 1959

Tibet befindet sich unter chinesischer Herrschaft. Peking ist das Zentrum der Macht.

02.09.1960

Die *Commission of Tibetan People's Deputies* (das tibetische Parlament) nimmt im Exil nach den ersten demokratischen Wahlen in der Geschichte Tibets ihre Arbeit auf.

216

1962

Nach einer ausgedehnten Inspektionsreise durch ganz Tibet überreicht der zehnte Panchen Lama Mao Zedong eine Petition, in der die chinesische Politik und Misswirtschaft scharf kritisiert werden. Diese haben zu nie da gewesenen Hungersnöten in Tibet geführt.

10.03.1963

Der Dalai Lama verkündet im Exil eine demokratische Verfassung Tibets.

09.09.1965

Gründung der »Autonomen Region Tibet«; die Hälfte des früheren Staatsgebietes wird chinesischen Provinzen zugeschlagen.

1966–1976

Die Kulturrevolution verbreitet Angst und Terror in ganz China und den besetzten Ländern wie Tibet.

Ab September 1987

Durch westliche Touristen gelangen wiederholt Informationen über gewaltsame Demonstrationen in ganz Tibet gegen die chinesische Politik an die Öffentlichkeit. Als Reaktion darauf verhängen die chinesischen Behörden 1989 das Kriegsrecht über Lhasa.

05.10.1989

Dem 14. Dalai Lama wird in Oslo der Friedensnobelpreis verliehen.

2002–2007

Sechs Gesprächsrunden zwischen Vertretern der tibetischen Exilregierung und der chinesischen Führung haben keinerlei erkennbare Veränderungen in der Tibetpolitik der Volksrepublik China zur Folge.

März 2008

Seit dem 10. März 2008, dem 49. Jahrestag des tibetischen Volks-
aufstands, finden in ganz Tibet Proteste und Unruhen statt. Die
friedlichen Proteste und Kundgebungen werden mit brutaler Härte
und Rücksichtslosigkeit seitens der chinesischen Behörden niedergeschlagen. Tibet wird abgeriegelt. Es handelt sich um die tra-
gischsten Unruhen seit mehr als 20 Jahren.

Quellenverzeichnis

Der Text auf S. 42 ff. stammt aus dem Buch:
Diki Tsering: *Le Dalaï Lama, mon fils.* Guy Trédaniel Editeur, 2000.

Der Text von Annie Lennox auf S. 51 ist in der englischen Originalfassung im Internet unter der folgenden Adresse zu finden:
http://www.annielennox.com/blog.php?blogStory=948

Die englische Fassung des Textes von Jetsün Pema auf S. 70 findet sich
auf der Internetseite:
http://www.buddhaline.net/spip.php?article411

Die Originalfassung des Textes von Danielle Mitterrand auf S. 159 ist
unter der folgenden Internetadresse zu finden:
http://danielle-mitterrand.blog.lemonde.fr/2008/03/

Die Originalfassung des Gedichts von Irène Frain auf S. 175 findet
sich auf der Internetseite:
http://www.tibet-info.net/www/Jeux-olympiques-de-la-matraque

Die Originalfassung des Gesprächs von Ségolène Royal mit dem Dalai Lama auf S. 185 findet sich unter der folgenden Internetadresse:
http://www.desirsdavenir.com/

Der Kurzüberblick zur Geschichte Tibets auf S. 213 basiert auf den
Informationen des deutschen Tibetbüros, die auf der folgenden Internetseite zu finden sind: http://www.tibetoffice.ch/web/tibet/data.htm

Einige Bücher, die mich begleitet haben

Stefan Einhorn: *Die Kunst, ein freundlicher Mensch zu sein.* Hamburg 2007.

Robert Emmons: *Vom Glück, dankbar zu sein. Eine Anleitung für den Alltag.* Frankfurt/M. 2008.

Matthieu Ricard: *Meditation.* München 2009.

ders.: *Bhutan.* München 2009.

Yongey Mingyur Rinpoche: *Buddha und die Wissenschaft vom Glück.* München 2007.